書く・話すための「引き出し」ができる

発信型の英語アイデアBOOK

立山利治
レベッカ・クイン

朝日出版社

はじめに

　本書は「書く・話す」という、英語で発信する力をつけることを目標に執筆されたものです。大学入試やさまざまな英語検定試験の受験者の皆さん、また社会人として「学び直し」をしたい方々を念頭に置いて書かれました。

　大学などで長年英語を教えてきた筆者にとって、何年経っても忘れることのできないエピソードがあります。アメリカ人教員とタッグを組んで授業を担当していたときのことです。「スピーチの課題で、どうしても学生の発表が改善されない。何かアドバイスをしてやってほしい」というパートナーの依頼を受け、翌週の授業で学生たちに簡単なアドバイスをしました。そうしたところ、「みんなのスピーチが見違えるように良くなっていた！　おまえはどういうマジックを使ったんだ？」とそのアメリカ人教員に驚かれたのです。

　何も難しいことではありません。欧米人にとっては当たり前で、日ごろ気にとめていない「発想法、伝え方」を、少しだけ意識してもらえばいいのです。英検１級の二次試験に臨む専門学校の学生たちにも同じアドバイスをし、無事に合格を果たしてもらったことも忘れられない思い出となっています。

　筆者のこれらの経験などから、自分の考えを相手に分かりやすく、説得力をもって「伝える（伝わる）スキル」としてまとめたのが本書です。「以心伝心」や「空気を読む」などの文化が伝統的に根強いわが国において、こうした技術の蓄積は大きくありません。中学生の学力調査結果からは、「読む・聞く」に対して「書く・話す」力が劣っていることが報道されています（朝日新聞、2019 年 8 月 1 日）。大学入試や大学教育においても「考える力、伝える力」の重視が求められており、「発信力の向上」はおおよそ日本社会全体における課題と言ってもいいでしょう。

　幸いなことに、有能なライターとして日本で活躍していたレベッカ・クイン氏に共著企画に賛同してもらい、「スキル」についても助言をもらいながら、本書の刊行にこぎ着けることができました。

　本書によって、読者の皆様の「発信する英語力」の向上に少しでも資することができれば、これ以上の喜びはありません。

2021 年 6 月

立山利治

Contents

Part 1 英語を話す・書くための実践スキル

Chapter 1　文の組み立て

Chapter 2　表現の技術

Chapter 3　筋道を立てる

Part 2 長文を構成するための上級スキル

本書の構成と使い方

| 効果的な学習法 | Step 1 スキル全体に目を通して、使いたい表現や語句をメモする。 | ▶ | Step 2 自分の意見を書き出してみる。 | ▶ |

最初の見開き

A 設問とサンプル例文
テーマにそった設問およびサンプル例文。自分なりの答えを考える前に、ひとつの意見の例としてサンプル例文を参考にしましょう。

B 音声のトラック番号
アメリカ英語とイギリス英語のネイティブスピーカーによってゆっくり読まれた音声を MP3 形式で提供しています。音声の発音やイントネーションを意識しながら音読すると効果的です。

C Words and Phrases
サンプル例文で使われているボキャブラリーを掲載しています。はじめて見る語句や、自分の意見に使えそうな語句の意味を確認しましょう。

D 日本語訳
英文を読んで意味を考えた後に、自分の理解で正しいかを確認するのに役立ちます。

E 使える機能表現
例文中で使われている主な機能表現（サンプル例文では下線で表示されています）。巻末に INDEX を掲載しています。

Step 3	Step 4	Step 5
「文の構造はこうなっている」を読み返して自分の意見を修正。 ▶	ネイティブの音声をチェックする。 ▶	自分の意見を何度も音読する。

最後の見開き

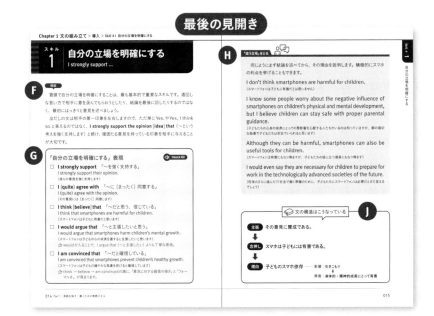

F 解説
Part 1「英語を話す・書くための実践スキル」では 40 のスキル、Part 2「長文を構成するための上級スキル」では 5 つのスキルを解説しています。

G 伝える（伝わる）表現
各スキルを実践するために役立つ表現を、例文・日本語訳・ワンポイント解説とともに紹介しています。（Part 1 のみ）

H 「違う立場」をとる
正解はひとつではありません。あえて逆の立場で考えてみることで、多角的な視点を養うトレーニングにもなります。（Part 1 のみ）

J 文の構造はこうなっている
サンプル例文がどのような構成になっているか一目で分かるように図解しています。英文の構成を理解した上で、自分で文を組み立てる参考にしてください。

音声ダウンロードの方法

下記の URL（検索せずに、アドレスバーに入力）、または QR コードから登録することで、MP 3 音声および本書の電子書籍版（PDF）をダウンロードすることができます。

https://www.asahipress.com/eng/ws21hassin7

【注意】本書初版第1刷の発行日より1年を経過した後は、告知なしに上記申請サイトを削除したりデータの配布サービスを取りやめたりする場合があります。あらかじめご了承ください。

《スマートフォンをお使いの場合》

音声再生アプリ「リスニング・トレーナー（リストレ）」を使って、MP3 と同一内容の音声をスマートフォンやタブレットにダウンロードすることができます（画像は別の書籍の例）。

App Store また Google Play ストアでアプリをダウンロードする。

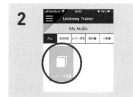

アプリを開き、「コンテンツを追加」をタップする。

カメラへのアクセスを許可する。

スマートフォンのカメラでこの QR コードを読み込む。

読み取れない場合は、画面上部の空欄に01248 を入力して Done を押す。

My Audio の中に表示された本書を選ぶ（以下、画像は別の書籍の例）。

目次画面の右上の「Play All」を押すと、最初から再生される。

特定の音声を再生したい場合には、聞きたいものをタップする。

音声が再生される。

※ QR コードは（株）デンソーウェーブの登録商標です。

Part—1

英語を
話す・書くための
実践スキル

1 ｜ 子どものスマホ使用

 英文　　　　　　　　　　　　　　　　　 TRACK 01

Some people say that smartphones are harmful for children. What do you think about this?

Yes, **I strongly support their opinion**.

If you ask me, smartphones are harmful for children.

I would argue that many children become addicted to their smartphones. Instead of playing outside with other children, they spend their time indoors playing games, browsing the Internet or scrolling through social media. They are constantly looking at a small screen for most of the day. This can be harmful to their physical and mental development.

Words and Phrases

- □ **harmful**　有害な、害を及ぼす
- □ **strongly**　強く、断固として
- □ **support**　〜を支持する、擁護する
- □ **opinion**　意見、見解
- □ **argue**　〜を主張する
- □ **addicted**　中毒になっている、依存している
- □ **instead of**　〜の代わりに、〜しないで
- □ **browse**　〜を閲覧する
- □ **scroll**　スクロールする
- □ **social media**　ソーシャルメディア
- □ **constantly**　いつも、常に
- □ **physical**　身体的な、肉体の
- □ **mental**　心の、精神の
- □ **development**　発達、発育

Smartphones for Children

日本語訳

スマートフォンは子どもにとって有害だと言う人がいます。あなたはどう思いますか。

その意見を強く支持します。

私の考えでは、スマートフォンは子どもにとって有害です。

多くの子どもたちがスマートフォンに依存してしまうと、私は主張したいと思います。 外で他の子どもたちと遊ぶ代わりに、彼らは室内でゲームをして遊んだり、インターネットを閲覧したり、ソーシャルメディアをスクロールしたりして時間を過ごします。彼らは一日中ほとんど、常に小さな画面を見ています。このことは、彼らの身体および精神の発達に害を及ぼす可能性があります。

使える機能表現

☐ **I support** （〜を支持します）**賛否**
☐ **If you ask me,** （私に言わせれば、私の考えでは）**意見**
☐ **I would argue that** （〜だと主張します）**意見**
☐ **can be harmful to** （〜に害を及ぼし得る）**弊害・不利益**

スキル 1 | 自分の立場を明確にする
I strongly support ...

解説

　冒頭で自分の立場を明確にすることは、最も基本的で重要なスキルです。遠回しな言い方で相手に意を汲んでもらおうとしたり、結論を最後に回したりするのではなく、最初にはっきりと意見を述べましょう。

　出だしの文は相手の第一印象を左右しますので、ただ単にYes.やYes, I think so.と答えるのではなく、**I strongly support the opinion [idea] that**（〜という考えを強く支持します）と続け、確固たる意見を持っている印象を相手に与えることが大切です。

「自分の立場を明確にする」表現　🔊 **TRACK 02**

☐ **I strongly support**　「〜を強く支持する」
I strongly support their opinion.
（彼らの意見を強く支持します）

☐ **I (quite) agree with**　「〜に（まったく）同意する」
I (quite) agree with the opinion.
（その意見には［まったく］同意します）

☐ **I think [believe] that**　「〜だと思う、信じている」
I think that smartphones are harmful for children.
（スマートフォンは子どもに有害だと思います）

☐ **I would argue that**　「〜と主張したいと思う」
I would argue that smartphones harm children's mental growth.
（スマートフォンは子どもの心の成長を害すると主張したいと思います）
☝ wouldが入ることで、I argue that（〜と主張したい）よりも丁寧な表現。

☐ **I am convinced that**　「〜だと確信している」
I am convinced that smartphones prevent children's healthy growth.
（スマートフォンは子どもの健やかな発達を妨げると確信しています）
☝ think → believe → am convincedの順に、「意見に対する確信の強さ」と「フォーマルさ」が高まります。

「違う立場」をとる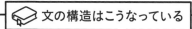

　同じようにまず結論を述べてから、その理由を説明します。積極的にスマホの利点を挙げることもできます。

I don't think smartphones are harmful for children.
（スマートフォンは子どもに有害だとは思いません）

I know some people worry about the negative influence of smartphones on children's physical and mental development, but I believe children can stay safe with proper parental guidance.
（子どもたちの心身の成長にとっての悪影響を心配する人たちがいるのは知っていますが、親の適切な指導で子どもたちは安全でいられると思います）

Although they can be harmful, smartphones can also be useful tools for children.
（スマートフォンは有害にもなり得ますが、子どもたちの役に立つ道具にもなり得ます）

I would even say they are necessary for children to prepare for work in the technologically advanced societies of the future.
（将来のさらに進んだIT社会で働く準備のために、子どもたちにスマートフォンは必要だとさえ言えるでしょう）

📖 文の構造はこうなっている

主張 その意見に賛成である。

↓

念押し スマホは子どもには有害である。

↓

理由 子どものスマホ依存 ── 影響：引きこもり
　　　　　　　　　　　　　　　↓
　　　　　　　　　　　弊害：身体的・精神的成長にとって有害

2 | 死刑制度の廃止

Japan must abolish the death penalty. Discuss.

There are 31 First World democracies. **Only two kill their own citizens.** One is America, the other is Japan.

Yet both countries still have crime.

I believe that the death penalty is barbaric and inhumane.

Other countries and human rights organizations have condemned Japan's use of the death penalty.

Japan should abolish the death penalty.

Words and Phrases

- □ **abolish** 〜を廃止する
- □ **the death penalty** 死刑
- □ **discuss** 〜について論じる
- □ **First World democracy**
  第一世界（先進国）の民主主義国
- □ **citizen** 国民、市民
- □ **crime** 犯罪
- □ **barbaric** 野蛮な、未開の
- □ **inhumane** 非人道的な、残酷な
- □ **human rights organization** 人権団体
- □ **condemn** 〜を非難する
- □ **use of** 〜の行使

Abolition of the Death Penalty

日本語訳

日本は死刑制度を廃止すべきです。これについて論じなさい。

民主主義の先進国は31カ国あります。自国民を殺すのは、2カ国だけです。ひとつはアメリカ、もう片方は日本です。

それでもまだ、両国には犯罪があります。

死刑制度は野蛮で非人道的だと思います。

他の国々や人権団体は、日本の死刑執行を非難してきました。

死刑制度は廃止するべきです。

使える機能表現

☐ **One is ..., the other is ...** （ひとつは…で、もうひとつは…である）**例示**
☐ **Yet ...** （それでも［まだ］）**逆接**
☐ **I believe that** （〜だと思います）**意見**
☐ **should ...** （…するべきである）**義務**

スキル 2 導入でインパクトを与える
Only two kill their own citizens ...

解説

　冒頭で聞き手の関心を喚起するスキルのひとつが、相手に「(軽い)ショックを与える」ことです。

　例文では「世界の(先進)民主主義国家は31カ国」という基本情報を与えた上で、**Only two kill their own citizens.**(自国民を殺すのはわずか2カ国)と、感情に訴える動詞killを使ってショックの度合いを高めています。

　導入でインパクトを与える方法には、ほかにも「大きな数値で印象づける」、「強い感情を表す」、「ウィットを利かせる」などがあります。

「導入でインパクトを与える」表現 TRACK 04

1. 大きな[小さな]数値で印象づける
Sea levels are rising at their fastest rate in 2,000 years.

(海面は過去2000年間で最も早い速度で上昇しています)

2. 関心を持たせたい語句を際立たせる
Nineteen million tons: That's how much food Japan throws away every year.

(1900万トン。これは毎年日本が捨てている食料の量です)

☞ Nineteen million tons: で短く区切ることによって、数字に焦点を当てます。

3. 強い感情を表す
The countryside: I hate the idea of living there.

(田舎暮らし。考えただけでぞっとします)

☞ hate(嫌う)という強い感情を表す動詞でインパクトを与えます。

4. ウィットを利かせる
More people have access to a mobile phone than a toilet.

(多くの人がトイレよりも多く携帯電話を使っています)

☞ 普段意識しない日常的な行為との比較でウィットが生まれます。

「違う立場」をとる

「死刑制度を残すべき」根拠について、考えられる理由を挙げてアピールしましょう。

Japan should not abolish the death penalty.
（日本は死刑制度を廃止するべきではありません）

I believe the death penalty protects the lives of innocent citizens in two ways.
（死刑制度は2つの観点から、罪のない市民の命を守ると信じています）

First, it deters potential criminals, and secondly it prevents reoffending.
（第1に潜在的な犯罪者を抑止し、第2に再犯を防止します）

Moreover, we should never forget that the death penalty can often be the only way for some families of victims to heal their pain.
（さらに被害者遺族の中には、死刑によってのみ悲しみを癒やせる人たちがいることも決して忘れるべきではありません）

📖 文の構造はこうなっている

導入 民主国家で、死刑があるのはアメリカと日本だけ。

⬇

つなぎ それでも両国家で犯罪は起きている。

⬇

主張 死刑は野蛮で非人道的である。
補強：他国や人権団体は日本の死刑制度を非難している。

⬇

結論 死刑は廃止すべきである。

3 | 消費税の是非

Is consumption tax a good idea?

Why wouldn't it be?

Consumption tax is the fairest tax there is, isn't it? Everybody pays the same amount. Since the person who buys the product pays the tax for it, if they want to spend less money, then they do not buy the product.

I think that this makes people think about what they need before they buy. As a result, it can prevent overconsumption.

Words and Phrases

☐ **consumption tax**　消費税
☐ **good idea**　良い考え、名案
☐ **fair**　公平な、公正な
☐ **everybody**　誰でも
☐ **pay**　〜を支払う
☐ **amount**　（金）額

☐ **product**　商品、製品
☐ **spend**　（金を）使う
☐ **need**　〜を必要とする
☐ **prevent**　〜を防ぐ
☐ **overconsumption**　過剰消費

Pros and Cons of Consumption Tax

日本語訳

消費税は良いアイデアだと思いますか。

もちろんそうですよね。

消費税は、今ある最も公平な税ではないでしょうか。すべての人が同じ額を支払います。商品を購入する人がその分の税金を払うので、もし彼らがお金を使いたくないなら、その商品を買いません。

このことによって、人々は購入する前に何が必要かを考えるようになると思います。結果として、過剰消費を防ぐことができるでしょう。

使える機能表現

□ **... is fair** （…は公平である）**公平性**
□ **Since ...** （…なので、…だから）**理由・原因**
□ **If A, then B** （もしAならBである）**仮定**
□ **I think that** （〜だと思います）**意見**
□ **As a result,** （結果として）**結果**

スキル 3 レトリカルな問いかけ
Why wouldn't it be? ...

解説

　「レトリカル」とは、「言葉を巧みに用いて、相手の関心を高める」という意味です。答えを相手に考えさせることで話に引きずりこんだり、「もちろんですよね、当然ですね」のように断定的な質問形式で切り出して、「なんでそんなにきっぱりと言い切れるのだろう」と思わせるように仕向けたりします。

　例えば、**Do you know...?** で始めて、相手が知っているか知らないかのギリギリの線を狙うとか、**How many [much] ...?** で始めて、「そう言われてみれば、どのくらいなんだろう」と相手に考えさせる、などがあります。

「レトリカルな問いかけ」の表現　🔊 TRACK 06

☐ **Why wouldn't it be?** 「当然ですよね」

☐ **How many [much]** 「どれくらいの」
How many more accidents will it take before we do something?
（私たちが行動を起こすまで、あとどれくらいの事故が起きねばならないのでしょうか）

☐ **Did [Do] you know ...** 「…を知っていますか」
Did you know that Japan throws away nineteen million tons of food every year?
（日本では毎年1900万トンの食べ物を捨てていることを知っていましたか）
☞「どのくらい食べ物を捨てているか知っていますか」と質問するのも効果的。

☐ **What do you ...** 「何を…ますか」
What do you enjoy doing in your spare time?
（暇な時間には何をして楽しみますか）
☞ スピーチの場合には、問いかけた後に少し間をおいて聴衆に考えさせるのも有効。

「違う立場」をとる

社会的なテーマの場合には、それに代わる事柄を擁護することで反対の立場をとりやすくなります。「消費税」に代わるものとしては「所得税」が頭に浮かびやすいでしょう。

I believe that income tax is much better than consumption tax.
（消費税よりも所得税の方がはるかに優れていると思います）

Income tax is fairer than consumption tax because people with a higher income pay more.
（所得税は所得が多い人ほど多く支払うため、消費税よりも公平です）

Also, a high rate of consumption tax can negatively affect our economy.
（また、高い消費税率は経済に悪影響を与えかねません）

The burden of paying consumption tax is too heavy for people with a lower income.
（消費税を支払うのは低所得者にとっては負担が大きすぎます）

There is no reason at all for me to support consumption tax.
（私には消費税を擁護する理由はまったくありません）

📖 文の構造はこうなっている

主張 （消費税が優れた税であるのは）当然だ。

↓

理由 最も公平な税金である。
 ― 事実：皆が同様に払う。
 ― 説明：税金を払いたくなければ、買わなければいい。

↓

利点 買う前に必要性を考えるようになり、過剰な消費を防ぐ。

4 | 若者の読書離れ

Some people say that young people are reading less and less. What do you think?

When I was young, I would read every day and I spent all of my pocket money on books.

Now, I have a smartphone, so I don't read books as often anymore.

Nevertheless, I do read articles online.

It seems to me that young people are still reading but they are just reading through a different medium.

Words and Phrases

☐ **read** 読書する
☐ **less and less** ますます少なく
☐ **spend** （金を）使う
☐ **pocket money** 小遣い、ポケットマネー
☐ **often** 頻繁に、よく

☐ **anymore** 今は、もはや（〜しない）
☐ **article** 記事
☐ **online** オンラインで
☐ **still** まだ、今なお
☐ **through a medium** 媒体（メディア）を通して

Young People Reading Less

日本語訳

**若者の読書離れが進んでいると言う人もいます。
それについてどう思いますか。**

私が若い頃は毎日読書をして、お小遣いはすべて本に使っていました。

今はスマートフォンを持っているので、もう以前ほど本を読まなくなりました。

それでも、オンラインで記事は読んでいます。

私には、若い人たちは今でもまだ読んでいるものの、ただ違う媒体を通して読んでいるだけのような気がします。

使える機能表現

☐ **Now,** （今は）時間
☐ **Nevertheless,** （それでも、それにもかかわらず）逆接
☐ **seem ...** （…のように思われる）推測

スキル 4 | エピソードで始める

When I was young, I would ...

解説

　起承転結型の「起」の部分で、相手の注意を引くためによく使われるのがエピソードで始める方法です。

　エピソードは難しく考えず、個人的な体験などで構いません。ただし、その話に関連づけながら「承」の部分でテーマの核心へと移行していく必要があるので、少し長めの文を発信する際や、この設問のような「〜についてどう思いますか」というオープンな質問に答える場合に適しています。

　また、どちらかと言えば社会的なテーマより、身近で個人的なテーマで使いやすいスキルでしょう。

「エピソードで始める」表現　　🔊 TRACK 08

☐ **When I was young,** 「私が若かったとき」
When I was young, I would read every day and I spent all of my pocket money on books.
（私が若いころは毎日読書をして、お小遣いはすべて本に使っていました）

☐ **Once upon a time,** 「昔々」
Once upon a time, Japanese families lived all together in the same house.
（昔は、日本の家族はみんなで同じ家に住んでいました）
☞「昔々あるところに…」のようなおとぎ話風の印象。

☐ **I once ...** 「私は一度…」
I once fell asleep in class for 30 minutes and the teacher didn't notice.
（私は一度、授業中に30分居眠りをしてしまったことがありましたが、先生は気づきませんでした）

☐ **when I was ..., I used to** 「私が…だったとき、〜をしていた」
When my father was in high school, he used to play soccer.
（私の父が高校生だったとき、彼はサッカーをしていました）
☞ I を he/she に置き換えても使えます。

「違う立場」をとる

まず結論を述べてから、その原因について触れ、最後に自分の考えをまとめることで、自然な意見の流れになります。

I think it is true that young people are reading less and less.
（若者の読書離れが進んでいるというのは本当だと思います）

I think fewer people read books than before.
（以前よりも本を読む人は少なくなっていると思います）

This is because people spend more time using smartphones.
（それは人々がより多くの時間をスマートフォンに使っているからです）

Reading good novels improves our ability to write.
（良い小説を読むことは私たちの書く能力を向上させます）

People should spend more time reading, especially when they are young.
（人々は特に若い頃は、もっと読書に時間を費やすべきです）

📖 文の構造はこうなっている

起 逸話（エピソード）：若い頃は本を買って読んだものだ。

⬇

承 スマホを使うようになり、以前より本を読まなくなった。

⬇

転 しかし、オンラインで記事は読んでいる。

⬇

結 若い人は読んではいるが、手段が異なるだけである。

5 ｜ 食品ロス

 英文

 TRACK 09

Japan must do something to reduce its food wastage. Do you agree or disagree?

I absolutely agree.

Nineteen million tons: That's how much food Japan throws away every year. This has negative effects on the environment.

When we turn our eyes to the issue of the environment, it is obvious that we damage nature to produce and throw away food.

In the future, the environment might be too damaged to grow food altogether.

Words and Phrases

- □ **do something**　何かをする、行動を起こす
- □ **reduce**　〜を減らす
- □ **food wastage**　食品廃棄（物）
- □ **absolutely**　完全に、全面的に
- □ **million**　100万
- □ **throw away**　廃棄する
- □ **negative effect**　悪影響

- □ **the environment**　自然環境
- □ **turn one's eyes to**　〜に目を向ける
- □ **issue**　（議論すべき）重要な問題
- □ **obvious**　明らかな、明白な
- □ **damage**　〜に損害を与える
- □ **produce**　〜を生産する
- □ **altogether**　まったく、完全に

Food Wastage

日本語訳

日本は何とかして食品の廃棄を減らさなければなりません。あなたは賛成ですか、反対ですか。

全面的に賛成です。

1900万トン。これは日本が毎年廃棄している食品の量です。このことは自然環境に悪影響を及ぼします。

環境問題に目を向けてみると、私たちが食品を生産して廃棄することで自然を傷つけていることは、疑う余地がありません。

将来、環境破壊がひどすぎて、食物をまったく育てることができなくなるかもしれません。

使える機能表現

☐ I absolutely agree. （全面的に賛成です）賛否
☐ have a negative effect on （～に悪影響を及ぼす）弊害・不利益
☐ it is obvious that （～ということは明らかだ）明白
☐ In the future, （将来は）時間

スキル 5 | 導入から本論へ
When we turn our eyes to the issue of ...

解説

「導入→本論→結論」という流れの中で、「導入」から「本論」に移行する際に使える表現をみていきましょう。状況に応じてこれらのフレーズを自由に使えるように準備しておくことをおすすめします。

「導入から本論へ移行する」表現 ◁|| TRACK 10

☐ **When we turn our eyes to**
「〜に目を向けると」
When we turn our eyes to the issue of the environment, it is obvious that we damage nature to produce and throw away food.
(環境問題に目を向けると、私たちが食品を生産して廃棄することで自然を傷つけていることは、疑う余地がありません)

☐ **This reminds me of**
「このことは〜を思い出させる」
This statistic reminds me of a recent article that I read that said ...
(この統計は、私が最近読んだ記事で…と書かれていたことを思い出させます)

☐ **This leads me to think that**
「このことによって〜と思える」
This leads me to think that the government does not have a solution.
(このことによって、私には政府に解決策がないように思えるのです)

「違う立場」をとる

食品ロスを防ぐこと自体に反対の立場はとりにくいものですが、質問のdo something（何とかする）について「それが立法化ということであれば…」と仮定することで、反対の立場をとりつつ具体性のある回答が可能になります。

If it means that Japan should adopt a new law for the prevention of food wastage, I disagree with the idea.
（もしそれが食品ロスを防ぐための新法を日本は採択すべきという意味であれば、私は反対です）

Strict enforcement of the law is difficult and impractical.
（厳格な法の施行は難しく、現実的ではありません）

No one would agree to be penalized for not eating food that has passed its expiration date.
（賞味期限を過ぎた食品を食べなかったせいで罰せられることに同意する人はいないでしょう）

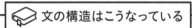
文の構造はこうなっている

主張 食品ロスを減らすことに賛成。

導入 （関心を喚起する事実）
一年間に捨てている食品の多さ —— 環境に悪影響

本論 食品の生産・廃棄により環境が悪化。

結論 将来、食品を生産できなくなる恐れがある。

6 | 学校の制服

 英文　 TRACK 11

Do you think school uniforms are necessary?

I absolutely think that school uniforms are necessary.

I have two good reasons that support my opinion. School uniforms save time. Also, uniforms can prevent bullying.

Let me explain both reasons. Students wear the same uniform every day which means that they do not have to spend time choosing what to wear in the morning. In addition, students wear the same uniform as each other so everybody looks equal. There is no chance for students to bully other students because of their clothes.

Words and Phrases

- [ ] **school uniform**　学校の制服
- [ ] **necessary**　必要な、なくてはならない
- [ ] **absolutely**　絶対に、確実に
- [ ] **a good reason**　正当な理由
- [ ] **support**　〜を裏づける
- [ ] **opinion**　意見、見解
- [ ] **save time**　時間を節約する
- [ ] **prevent**　〜を防ぐ
- [ ] **bully**　（〜を）いじめる
- [ ] **wear**　〜を身に着ける
- [ ] **each other**　お互いに
- [ ] **equal**　等しい、同等な
- [ ] **chance**　可能性、危険性
- [ ] **because of**　〜のために、〜のせいで

School Uniforms

日本語訳

学校の制服は必要だと思いますか。

私は学校の制服は絶対に必要だと思います。

この考えを裏づける十分な根拠が２つあります。制服は時間を節約してくれます。また、制服はいじめも防いでくれます。

双方の理由を説明しましょう。生徒たちが毎日同じ制服を着るということは、朝に時間をかけて何を着るか選ばなくてもいいということです。さらに、生徒たちはお互いに同じ制服を着るので、全員が同じように見えます。服装が原因で生徒たちが他の生徒をいじめる可能性はありません。

使える機能表現

☐ **I absolutely think that**（私は絶対に〜だと思います）確信
☐ **Also,**（また）付加
☐ **Let me explain the reasons.**（その理由を説明させてください）理由・原因
☐ **In addition,**（それに加え、さらに）付加
☐ **There is no chance for ... to**（…が〜する可能性はない）可能性

スキル 6 ｜ 理由（論点）は３つまで
I have two good reasons ...

　賛成か反対かを問う質問に対しては、自分の立場を明確にした（スキル1）あとに、その理由がいくつあるかを示すのが有効です。**I have two good reasons that support my opinion.**（この考えを裏づける十分な根拠が2つあります）と、理由の数をはっきりさせることで相手は安心し、発信者の考えが整理されているという印象を与えます。

　限られた時間内では、どのようなテーマであれ、2〜3点ほどの論点に分けて考えることで、とりとめのない文章になってしまうことを防いでくれます。

「論点の数を伝える」表現　　🔊 TRACK 12

☐ **I have two good reasons**　「十分な根拠が2つある」
I have two good reasons that support my opinion.
（この考えを裏づける十分な根拠が2つあります）

☐ **There are two reasons for**　「〜には理由が2つある」
There are two reasons for this.
（これには理由が2つあります）

☐ **There are three reasons in support of**
「〜を裏づける理由が3つある」
There are three reasons in support of my opinion.
（私の意見を裏づける理由が3つあります）

☐ **There are a number of points I'd like to make.**
（いくつかの点を挙げたいと思います）
☞ 応用表現：I'd like to make〈数〉points.

☐ **Basically [Briefly], I have two things to say.**
（基本的[簡潔]に、私が言いたいことは2つあります）

「違う立場」をとる

　そうは思わない（No, I don't think so.）と答えた上で、反対する理由を説明しましょう。反対を表す前置詞のagainstを使うのも効果的です。

No, I don't think so.
（いいえ、そうは思いません）

There are two points I'd like to make against school uniforms.
（学校の制服に反対する点を2つ挙げたいと思います）

In the first place, people should be free to wear whatever they feel comfortable in.
（そもそも、人には着心地がいいと感じるものを何でも着る自由があるべきです）

Also, uniforms have nothing to do with students' academic achievements.
（また、制服は生徒の学業成績とは何も関係ありません）

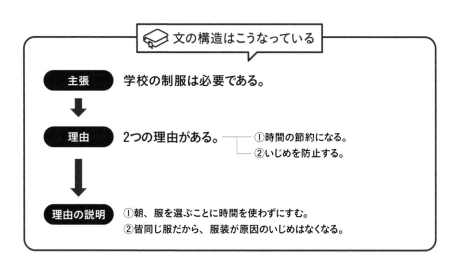

📖 文の構造はこうなっている

主張　学校の制服は必要である。

理由　2つの理由がある。──①時間の節約になる。
　　　　　　　　　　　　　└②いじめを防止する。

理由の説明　①朝、服を選ぶことに時間を使わずにすむ。
　　　　　　　　②皆同じ服だから、服装が原因のいじめはなくなる。

7 | 捕鯨について

 英文　 TRACK 13

Should Japan stop hunting whales altogether?

I am reluctant to say that Japan should stop hunting whales altogether. It is a complicated topic in this country.

The first point I'd like to make is that some towns in Japan depend on the whaling industry for their economic livelihood. Without whaling, these towns would collapse.

However, whales are an endangered species. If Japan continues to hunt them, then they will become extinct.

The Japanese government needs to find a solution that will help both sides.

Words and Phrases

- [ ] **hunt** 〜を狩る、狩猟する
- [ ] **whale** クジラ
- [ ] **altogether** 完全に、すっかり
- [ ] **reluctant** 気が進まない
- [ ] **complicated** 込み入った、複雑な
- [ ] **make a point** 主張する
- [ ] **depend on** 〜に依存する

- [ ] **industry** 産業
- [ ] **economic** 経済（上）の
- [ ] **livelihood** 暮らし、生計
- [ ] **collapse** 破綻する
- [ ] **endangered species** 絶滅危惧種
- [ ] **extinct** 絶滅した
- [ ] **solution** 解決（策）

Hunting Whales

日本は捕鯨(ほげい)を全面禁止すべきですか。

　私は日本が捕鯨を全面的に禁止すべきだと言う気にはなれません。これは、この国においては込み入った問題です。

　まず最初に言いたいのは、日本には経済的な生計を成り立たせるために捕鯨産業に依存している町もある、ということです。捕鯨がなければ、このような町は破綻(はたん)してしまうでしょう。

　しかしながら、クジラは絶滅危惧種です。日本が捕獲を続ければ、クジラは絶滅してしまいます。

　日本政府は、双方を助ける解決策を見出す必要があります。

使える機能表現

□ **I am reluctant to say that**（〜と言う気にはなれません）**賛否**
□ **However,**（しかしながら）**逆説**
□ **If A, then B**（もしAならBである）**仮定**
□ **The Japanese government needs to**（日本政府は〜する必要がある）**必要**

スキル 7 第1の理由を述べる
The first point I'd like to make is that ...

解説

　自分の立場を述べて（スキル1）、場合によってはその理由がいくつあるかを示したら（スキル6）、次に、**First,**（第1に）や**First of all,**（まず第1に）などの表現を使い、これから述べるのが最初の論点であることを示します。

　出だしの論点は自分でも準備がしやすく、これらの表現を使うことで相手に流ちょうな印象を与えることができます。文が長くなるほど、このように順序立てて説明することは大切になってきます。

「第1の理由を述べる」表現　🔊 TRACK 14

☐ **The first point I'd like to make is that**
「まず最初に言いたいのは」
The first point I'd like to make is that some towns in Japan depend on the whaling industry for their economic livelihood.
（まず最初に言いたいのは、日本には経済的な生計を成り立たせるために捕鯨産業に依存している町もある、ということです）

☐ **First,** 「第1に」
First, some towns depend largely on whaling for their local economy.
（第1に、地域経済のために捕鯨に大きく依存している町があるのです）

☐ **First of all,** 「まず第1に」
First of all, what's the difference between hunting whales and hunting other animals?
　（まず第1に、捕鯨と他の動物の捕獲にどんな違いがあるというのでしょうか）

☐ **First off,** 「最初に」
First off, I'd argue that whales will be extinct.
（最初に、クジラは絶滅してしまうだろうということを主張します）
　☞ First, First of all とほぼ同じ意味。表現力の幅を広げたいときに使えます。

「違う立場」をとる

　賛成・反対を打ち出すことが難しいテーマもあるかもしれません。例文も捕鯨禁止に反対のように見えながら、最終的には中立的な立場をとっています。「捕鯨禁止に賛成」の立場をとる場合には、次のような表現が考えられます。

International pressure is so strong that we'll have to consider stopping whaling.
（外圧があまりに強いため、私たちは捕鯨をやめることを考えなければならないでしょう）

I believe it is important to protect animals in danger of extinction.
（絶滅の危機にある動物を守ることは重要だと思います）

It is difficult to stop hunting whales altogether, but Japan should gradually find ways to reduce whaling.
（全面的な禁止は難しいものの、日本は段階的に捕鯨を減らす方法を見出すべきです）

 文の構造はこうなっている

主張 捕鯨の全面禁止には乗り気になれない。
補足：この国では非常に複雑な問題である。

⬇

論点 捕鯨を主要産業としている町があり、禁止は経済的ダメージ。

⬇

逆の論点 クジラ絶滅の危機

⬇

結論 両面を鑑みた政府の解決策が必要。

8 | 動物実験

Should animal testing for medicine be banned?

I don't think that animal testing for medicine should be banned.

The first point I'd like to make is that many important scientific discoveries have been made thanks to animal testing.

Moving on to my second point, scientists conduct tests on animals to see how a medicine works before they give it to humans. If they do not test on animals, people could die.

We must choose human lives over animal ones.

Words and Phrases

☐ **animal testing** 動物実験
☐ **medicine** 医薬品、薬
☐ **ban** 〜を禁止する、禁じる
☐ **make a point** 主張する
☐ **important** 重要な、重大な
☐ **scientific** 科学の、科学的な
☐ **discovery** 発見

☐ **move on to** （新しい話題などに）移る
☐ **conduct** （実験などを）行う、実施する
☐ **see** 〜を確かめる、調べる
☐ **work** （薬などが）効く、働く
☐ **human** 人、人間
☐ **choose A over B** BよりAを優先する

Animal Testing

日本語訳

医薬品の動物実験を禁止すべきですか。

　私は、医薬品の動物実験を禁止すべきだとは思いません。

　最初に私が主張したい点は、動物実験のおかげで多くの重要な科学的発見がなされてきたことです。

　第2の論点に移りまして、科学者たちが動物で実験を行うのは、人間に投与する前に薬がどのように作用するかを調べるためです。もし動物で実験しなければ、人間が死んでしまうかもしれません。

　私たちは動物より人間の命を優先させなければなりません。

使える機能表現

☐ **I don't think that**（〜であるとは思いません）**意見**
☐ **The first point I'd like to make is that**（私が挙げたい第1点目は）**順序立て**
☐ **thanks to**（〜のおかげで）**理由・原因**

スキル 8 ｜ 2点目に移行する
Moving on to my second point ...

解説

「箇条書きの発想」で、第2のポイントに移る際の表現です。これまでの指導経験から、「第1に」で文を導入しておきながら、「2点目は」と言い忘れてしまう人が少なくありません。これでは相手が混乱してしまいますので、最初の論点を挙げたあとには落ち着いて「2点目は」と続けるようにしましょう。**Moving on to my second point,**（2点目に移って）のような表現を使えるように練習しておきましょう。

「2点目に移行する」表現　　🔊 TRACK 16

☐ **Secondly,** 「第2に」
Secondly, animals have the right to live.
（第2に、動物にも生存権があります）
☞ やや格式ばった表現。

☐ **Second of all,** 「2番目に」
Second of all, I don't believe that animals have the same rights as humans.
（2番目に、動物には人間と同じ権利があるとは思いません）

☐ **Now, my second point is that** 「さて、2点目は」
Now, my second point is that the kind of animal we use for testing is quite limited.
（さて、2点目は、実験に用いる動物の種類がかなり限られているということです）
☞ Now（さて）は話が切り替わることを示しています。

☐ **The second point I'd like to make [mention] is ...**
「2点目として挙げたいのは…」
The second point I'd like to make [mention] is about the difference between testing and eating.
（私が2点目として挙げたいのは、実験と食用の違いです）

☐ **Moving on to my second point,**
(2点目に移りまして)

☐ **I'd like to move on to my second point.**
(2点目に移りたいと思います)

☝ 簡潔さよりも「英語の運用能力」を重視した表現。pointをreason（理由）と言い換えることもできます。

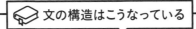

「違う立場」をとる

　賛成の立場を強調するには、I do believe that やI'm convinced that（〜と確信しています）などの表現を使うのが有効です。

I do believe it should be banned.
(禁止すべきであると強く思います)

Animals have the same right to life as humans.
(動物には私たちと同様の生存権があります)

I am convinced that there should be far severer restrictions on animal testing.
(動物実験にははるかに厳しい制限があるべきだと、確信しています)

📖 文の構造はこうなっている

 主張　医薬品の動物実験を禁止すべきだとは思わない。

⬇

 理由1　動物実験のおかげで、重要な科学的発見がなされている。

⬇

 理由2　動物で実験しておかなければ、人が死ぬ可能性がある。

⬇

結論　動物より人間の命を優先すべき。

9 | 動物園の是非

Some people argue that keeping animals in zoos is bad. Do you agree?

I don't agree with the argument that keeping animals in zoos is bad.

Animals are well looked after in zoos. First of all, they are given food and water daily. In the wild they must hunt for food, and it is sometimes difficult to find. Secondly, zookeepers can give an animal medicine when it gets sick. **Last but not least,** animals are safe in zoos. They are safe from poachers and predators, as well as natural disasters.

Words and Phrases

□ **argue** 〜を主張する、論じる
□ **argument** 主張、言い分
□ **look after** 〜の世話をする
□ **the wild** 野生(の状態)
□ **hunt** 狩りをする
□ **difficult** 困難な、難しい
□ **zookeeper** 動物園の飼育員

□ **medicine** 薬、薬剤
□ **sick** 病気の
□ **safe** 安全な、危険のない
□ **poacher** 密猟者
□ **predator** 捕食動物
□ **A as well as B** AもBも、BだけでなくAも
□ **natural disaster** 自然災害

Keeping Animals in Zoos

日本語訳

動物園で動物を飼育するのは良くないと主張する人もいます。あなたは賛成ですか。

私は、動物園で動物を飼育するのは良くないという主張には反対です。

動物たちは動物園でしっかりと世話をされています。まず第１に、彼らには毎日エサと水が与えられます。野生では食べ物を得るために狩りをしなくてはならず、見つけるのが難しいこともあります。第２に、動物が病気になったときには、飼育員が薬を与えることができます。最後に劣らず重要なのは、動物たちが動物園にいれば安全だということです。彼らは自然災害からだけでなく、密猟者や捕食動物からも安全です。

使える機能表現

- ☐ **I don't agree with the argument that**（〜という主張には同意できません）**賛否**
- ☐ **First of all,**（まず第１に）**順序立て**
- ☐ **must ...**（…しなければならない）**義務**
- ☐ **Secondly,**（第２に）**順序立て**

スキル 9 | 最後の論点を述べる
Last but not least ...

解説

　論点（理由）などが3つ以上あるときには、最後のポイントに言及する際に、それが最後であることをきちんと伝えましょう。そうすることで相手に安心感を与え、文全体も引き締まります。単にThirdly,などとしてしまうと、いつまで説明が続くのだろう…と、相手は不安になってしまいます。

　Last but not least,（最後に、劣らず重要なのは）は、よく使われる慣用表現で、最後ではあるが、それまで述べてきた事柄に負けないくらい重要だ、という意味です。

「最後の論点を述べる」表現 　　🔊 TRACK 18

☐ **Lastly,** 「最後に」
Lastly, zoos provide safety for animals.
（最後に、動物園は動物たちに安全を与えます）

☐ **Finally,** 「最後に」
Finally, animals are kept safe from natural disasters.
（最後に、動物たちは自然災害から安全に守られます）
☞ lastlyとほぼ同じ意味だが、finallyはこれで完結するというニュアンス。

☐ **Last but not least,** 「最後に、劣らず重要なのは」
Last but not least, animals are safe in zoos.
（最後に劣らず重要なのは、動物たちは動物園にいれば安全だということです）

☐ **The third and final point [reason] is that**
「3つ目で最後の論点 [理由] は」
The third and final point is that animals can be best taken care of in zoos.
（3番目で最後の論点は、動物たちが動物園で最良の世話を受けられるということです）

「違う立場」をとる

　与えられたテーマについて、限られた時間内に詳しく述べることは簡単ではありません。そこでおすすめしたいのが、動物・飼育員・一般人の利害関係を考えてみる方法です。

Zoos have limited space and the animal cages are often cramped.
（動物園は場所が限られていて、動物のオリは多くの場合窮屈です）

I would argue that this goes against animal conservation.
（これは動物保護に反すると主張したいです）

In addition, some zookeepers have been attacked and killed by animals.
（加えて、動物に襲われて殺された飼育員もいます）

Last but not least, if a terrible natural disaster destroys the zoo, the animals could escape and roam the city.
（最後に、万一自然災害などで動物園が破壊されたら、動物が逃げ出して市中に放たれてしまうことも重大です）

For all these reasons, I'm against keeping animals in zoos.
（これらすべての理由により、私は動物園での動物飼育に反対します）

 文の構造はこうなっている

主張 動物園での動物飼育はいけないという主張には同意できない。

理由 園ではきちんと面倒をみてもらっている。
具体例① 食事などの世話が行き届いている。
　　　　　対照：野生ではそうはいかない。
具体例② 病気の治療（健康管理）がされる。
具体例③ 園内は安全である。
　　　　　対照：野生では密猟者、捕食者、天災の危険。

10 | AI（人工知能）の影響

 英文　 TRACK 19

"We should be worried about the impact of Artificial Intelligence (AI) on our lives." What do you think about this statement?

First of all, I believe that AI is a positive thing for society because it can help improve our lives. For example, driverless cars can save time and reduce the number of accidents.

Secondly, AI can do manual labor jobs while humans work on more complex tasks. As a result, companies will be more efficient.

In conclusion, we should not be worried about AI, we should be excited!

Words and Phrases

- ☐ impact　影響
- ☐ Artificial Intelligence　人工知能
- ☐ statement　意見、発言
- ☐ positive　有益な、肯定的な
- ☐ society　社会
- ☐ improve　〜を向上させる、改善する
- ☐ driverless car　自動運転車
- ☐ save time　時間を節約する
- ☐ reduce　〜を減らす
- ☐ accident　事故
- ☐ manual labor　肉体労働
- ☐ complex　複雑な、込み入った
- ☐ task　仕事、職務
- ☐ efficient　効率的な

The Impact of Artificial Intelligence

日本語訳

「私たちは、人工知能（AI）がわれわれの生活に及ぼす影響を心配すべきだ」。この意見についてどう思いますか。

　まず第1に、人工知能は社会にとって有益なものだと思います。なぜなら、私たちの生活を良くするのに役立つからです。例えば、自動運転車は時間を節約して、事故の数を減らしてくれます。

　第2に、人工知能は、人間がもっと複雑な仕事をしている間に単純労働をすることができます。その結果、企業はもっと効率化します。

　結論として、私たちは人工知能について心配するのではなく、楽しみにすべきです！

使える機能表現

☐ **First of all,** （まず第1に）順序立て
☐ **I believe that ... because ～** （～なので…と思います）意見・理由
☐ **For example,** （例えば）例示
☐ **Secondly,** （第2に）順序立て
☐ **As a result,** （その結果として）結果

スキル 10 結論を述べる
In conclusion ...

解説

どのような文章でも、要するに「何を伝えたいのか」を明確にすることが最も大切です。

In conclusion, に続けて結論を述べるのが、もっともシンプルに伝わる王道表現でしょう。そのほかにも「まとめ上げる」というニュアンスの **wrap up** は、ネイティブスピーカーが好んでよく使う表現です。

「終わり良ければすべて良し」。最後をしっかりと締めて、相手に印象づけるフレーズを使えるように準備しておきましょう。

「結論を述べる」表現　　🔊 TRACK 20

☐ **In conclusion,** 「結論として」
In conclusion, zoos are necessary for both animals and humans.
（結論として、動物園は動物と人間の双方にとって必要なのです）

☐ **To wrap it (all) up,** 「（すべてを）まとめると」
To wrap it all up, it is important to maintain traditions so that communities can come together.
（以上をまとめると、コミュニティーが一体となるように伝統を維持することが重要です）

☐ **To sum it (all) up,** 「（すべてを）要約すると」
To sum it all up, zoos are a happier place for animals to live.
（要するに、動物園は動物たちがより幸せに暮らせる場所なのです）

☐ **In summary,** 「要約すれば」
In summary, passive smoking is harmful to both people and society as a whole.
（要約すると、受動喫煙は国民と社会全体の両方にとって有害です）

「違う立場」をとる

　AIに否定的な立場の代表例は、「人間の職が失われる」ということでしょうか。無理に難しいことを言おうとせずに、思いつくままに自信を持って意見を述べるようにしてください。

Personally, I do not like artificial intelligence.
（個人的には人工知能が好きではありません）

It has been predicted that a lot of people will be unemployed due to AI replacing human workers.
（AIが人間に取って代わるせいで、多くの人が失業することが見込まれています）

Also, too much dependence on AI is dangerous.
（また、AIへの過度の依存は危険です）

Heavy dependence on AI may destroy our capacity for emotions.
（AIへの大きな依存は私たちの情緒を損なってしまうかもしれません）

After all, AI is nothing but machines, and machines do not always work in the ways that we want them to.
（結局のところAIは機械に過ぎず、機械は常に私たちが望むように動くわけではありません）

📖 文の構造はこうなっている

 論点1　AIは生活の質を向上させる。── 例：自動運転車

↓

 論点2　単純作業はAIに任せられる。── 利点：企業の効率化

↓

結論　心配は無用。

11 | 高校生のアルバイト

 英文　　　　　　　　　　　　　　　　　 TRACK 21

Should high school students have a part-time job? Why or why not?

No, students should not have a part-time job.

Firstly, during their high school years students should focus 100% on their studies. Frankly, a part-time job is a distraction.

Second, students do not need to earn money since they are living with their family. Therefore, it is useless to have a job.

To summarize my points, students should not have a part-time job because it will distract them from their studies for no reason.

Words and Phrases

- [ ] **part-time job** 　アルバイト
- [ ] **during** 　〜の間ずっと
- [ ] **focus on** 　〜に集中する
- [ ] **distraction** 　気を散らすこと
- [ ] **earn** 　(金を) 稼ぐ
- [ ] **since** 　〜なので、〜だから

- [ ] **useless** 　無駄な、無用な
- [ ] **summarize** 　〜を要約する
- [ ] **point** 　主張、論点
- [ ] **distract** 　(人の) 気を散らす
- [ ] **for no reason**
  　意味もなく、何の理由もなく

Students Having a Part-Time Job

日本語訳

高校生はアルバイトをするべきだと思いますか。その理由は?

いいえ、高校生はアルバイトをするべきではありません。

第1に、学生は高校生の間は勉強に専念すべきです。率直に言って、アルバイトは気を散らします。

第2に、高校生はお金を稼ぐ必要がありません。なぜなら、彼らは家族と一緒に暮らしているからです。そのため、仕事を持つことは無駄です。

論点をまとめると、高校生はアルバイトをするべきではなく、それは意味もなく勉強から彼らの気をそらすからです。

使える機能表現

☐ **Firstly,** （第1に）順序立て

☐ **Frankly,** （率直に言って、正直に言うと）率直

☐ **Second,** （第2に、2番目に）順序立て

☐ **since ...** （…だから）理由・原因

☐ **Therefore,** （したがって、そのために）結果

スキル 11 | 重要なメッセージを繰り返す
To summarize my points ...

解説

　自信を持って自分の見解を発信している印象を相手に与えるために有効なのが、「重要なメッセージを繰り返す」ことです。どこで繰り返すかは文の長さにもよりますが、この例文ぐらいの長さであれば、結論として最後に繰り返して強調するのがいいでしょう。

　To summarize my points,（論点を要約すると…）という締めのフレーズの後に、students should not have a part-time jobと重要メッセージを繰り返し、because 以下でその理由をまとめています。

「重要なメッセージを繰り返す」表現　　🔊 TRACK 22

☐ **To summarize my points,**
「論点をまとめると」
To summarize my points, students should not have a part-time job because ...
（論点をまとめると、高校生はアルバイトをするべきではありません。なぜなら…）

☐ **As I said [mentioned/stated/pointed out],**
「すでに述べたとおり」
As I said, Japan's birth rate is declining, and its aging population is increasing.
（すでに述べたとおり、日本の出生率は低下しており、高齢者人口は増加しています）
☞ mentioned はややフォーマル、pointed out は「指摘した」。

☐ **As mentioned,** 「すでに述べたように」
As mentioned, having a hobby helps me stay fit and mentally healthy.
（すでに述べたように、趣味を持つことは自分が元気で精神的に健やかであるために役立ちます）

「違う立場」をとる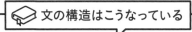

アルバイトをすることのメリットを思いつくかぎり考えてみましょう。

High school students should have a part-time job.
（高校生はアルバイトをするべきです）

Having a part-time job comes with many advantages.
（アルバイトをすることは彼らにとっての多くの利点があります）

First, it gives them good opportunities to broaden their horizons by enabling them to work with people of different ages and experiences.
（まず、さまざまな年齢や経験の人たちと働くことで視野を広げる機会を与えてくれます）

Collecting new experiences through activities outside school is another reason.
（学外の活動で新たな経験ができるのも、理由のひとつです）

To sum up, by working part-time, they'll be able to prepare for their future career.
（要約すると、アルバイトをすることで、彼らは自分たちの将来のキャリアに備えることができるのです）

📖 文の構造はこうなっている

主張 高校生はアルバイトをするべきではない。

⬇

理由1 高校生は勉学に集中すべき。── 説明：アルバイトは
勉強の邪魔になる。

⬇

理由2 家族と暮らしているなら、働く必要はない。

⬇

結論 アルバイトはすべきではない。

12 | 同性婚の合法化

Are you in favor of legalizing gay marriage?

I am for legalizing gay marriage.

Preventing same-sex couples from marrying is a form of discrimination. Gay couples should have the same rights as heterosexual couples. When a person marries, they receive many benefits from society. If they are not allowed to be married, then they cannot get these benefits.

Therefore, **going back to my first point,** preventing gay marriage is discrimination. It is not fair that gay marriage is illegal.

Words and Phrases

- [ ] **in favor of** 〜に賛成して
- [ ] **legalize** 〜を合法化する
- [ ] **gay marriage** 同性（の結）婚
- [ ] **prevent A from B** AがBするのを妨ぐ
- [ ] **a form of** 〜の一形態、一種の〜
- [ ] **discrimination** 差別
- [ ] **right** 権利
- [ ] **heterosexual** 異性愛の
- [ ] **receive** 〜を受け取る、受ける
- [ ] **benefit** 恩恵、利益
- [ ] **society** 社会
- [ ] **allow** 〜を許す、認める
- [ ] **fair** 公平な、公正な
- [ ] **illegal** 違法の

Legalizing Gay Marriage

日本語訳

あなたは同性婚を合法化することに賛成ですか。

私は同性の結婚を合法化することに賛成です。

同性カップルを結婚させないのは、一種の差別です。ゲイのカップルは異性愛者のカップルと同じ権利を持つべきです。人は結婚すると、社会から多くの恩恵を受けます。もし彼らが結婚を許されなければ、それらの恩恵を受けられません。

したがって、最初の論点に戻りますが、同性の結婚を妨げるのは差別です。同性婚が違法なのは不公平です。

使える機能表現

☐ **I am for** （〜に賛成です）**賛否**

☐ **should ...** （…すべきである）**義務**

☐ **If A, then B** （もしAならBである）**仮定**

☐ **Therefore,** （したがって）**結果**

☐ **It is not fair that** （〜は不公平である、公正でない）**公平性**

スキル 12 | キーワードを繰り返す
Going back to my first point ...

解説

　文中の重要単語、すなわちキーワードを繰り返すことによっても、しっかりした考えを持っている印象を残すことができます。

　2つ目の文でPreventing same-sex couples from marrying is a form of discrimination.（同性カップルを結婚させないのは、一種の差別です）と、キーワードの**discrimination**（差別）が登場します。そして結びの文でも、**going back to my first point,** preventing gay marriage is **discrimination**.（最初の論点に戻りますが、同性の結婚を妨げるのは差別です）と、そのキーワードを繰り返すことでメッセージを強調しています。

「キーワードを繰り返す」表現　　🔊 TRACK 24

- [ ] **going back to my first point,**
「最初に挙げた点に戻りますが」
Therefore, going back to my first point, preventing gay marriage is discrimination.
（したがって、最初の論点に戻りますが、同性の結婚を妨げるのは差別です）

- [ ] **returning to what I said earlier,**
「すでに述べたことですが」
So returning to what I said earlier, we must firmly stand up against discrimination.
（よって、もう一度繰り返しますが、私たちは断固として差別に立ち向かわなければいけないのです）

- [ ] **as I mentioned earlier,**　「前述したように」
Therefore, as I mentioned earlier, the government should abolish any form of discrimination.
（ですから、先ほど述べたように、政府はいかなる形の差別も廃止するべきなのです）

「違う立場」をとる

　同性愛などの個人的嗜好の問題を「合法化」という社会的観点から考える今回のようなトピックでは、「公平性・平等」が論点になりやすいものですが、「個人的」な意見を述べるのも有効です。

Personally, I don't want gay marriage to be legalized.
（個人的には、同性婚を法的に認めてほしくありません）

I'm worried that the number of children would drastically decrease.
（子どもの数が大幅に減るのではないかと心配です）

I believe that children need both a mother figure and a father figure in their lives.
（子どもは人生において理想の母親像と父親像の両方が必要だと思います）

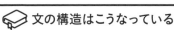 文の構造はこうなっている

主張 同性婚の法制化に賛成である。

論拠 同性婚を認めないのは差別。
男女の結婚と同じ権利を与えるべき。
説明① 結婚には社会生活上の恩恵が伴う。
説明② 同性婚が許されなければ、その恩恵にあずかれない。

強調 同性婚を認めないのは差別である。

13 | 転職の是非

 英文　　　　　　　　　　　　　　　　 TRACK 25

Do you think that it is better to stay with the same company for a long time rather than switch jobs?

The fact of the matter is that it is no longer beneficial to stay with the same company for a long time.

Nowadays, many companies look for employees with experience in several industries.

For an employee, it is more interesting to work for different companies in different positions. They can develop a wide range of skills.

Finally, let me quote Albert Einstein who said: "The measure of intelligence is the ability to change."

Words and Phrases

☐ **rather than**　〜よりもむしろ
☐ **switch jobs**　転職する
☐ **no longer**　もはや〜でない
☐ **beneficial**　有利な
☐ **employee**　従業員
☐ **industry**　産業、業界
☐ **interesting**　興味深い、面白い

☐ **position**　職、立場
☐ **develop one's skill**　技能を磨く
☐ **wide range of**　幅広い
☐ **quote**　〜を引用する
☐ **measure of**　〜の尺度、基準
☐ **intelligence**　知性、知能
☐ **ability**　能力、才能

Pros and Cons of Switching Jobs

日本語訳

転職するよりも、長い間同じ会社にいた方が良いと思いますか。

現実には、同じ会社で長い間働き続けることは、もはや有利ではありません。

今日_{こんにち}では多くの企業が、いくつかの業種を経験している従業員を求めています。

従業員にとっては、異なる会社の異なる立場で働く方が興味深いものです。彼らは幅広い技術を習得することができます。

最後に、アルベルト・アインシュタインの言葉を引用させてください。「知性の尺度は、変化する能力である」

使える機能表現

□ **The fact of the matter is that** （実際には〜である）**事実**
□ **Nowadays,** （今日では）**時間**
□ **Finally,** （最後に）**順序立て**

スキル 13 印象的な引用でしめくくる
Finally, let me quote ...

解説

　締めくくりにひと工夫することで、一味違う印象になります。有名な格言で文を結ぶのも、ひとつの手です。スキル26で「他人の言葉を引用する」を紹介していますが、文の最後においても **Finally, let me quote (someone) who said...** などと引用で締めくくる表現を覚えておくと便利です。

「印象的な引用でしめくくる」表現 TRACK 26

☐ **Finally, let me quote (someone) who said ...**
「最後に（人）が述べた…という言葉を引用させてください」

Finally, let me quote Albert Einstein who said: "The measure of intelligence is the ability to change."

（最後に、アルベルト・アインシュタインの言葉を引用させてください。「知性の尺度は、変化する能力である」）

☐ **I think it was (someone) who said ...**
「〜と言ったのは（人）だったと思います」

I think it was Einstein who said: "Imagination is more important than knowledge."

（「想像力は知識よりも大切である」と言ったのはアインシュタインだったと思います）

☐ **I would like to conclude with (someone) who said ...**
「（人）の〜という言葉で結びたいと思います」

I would like to conclude with Mahatma Gandhi who said, "An eye for an eye only ends up making the whole world blind."

（「『目には目を』は、世界中を盲目にしてしまうだけだ」と言ったマハトマ・ガンディーの言葉で結びたいと思います）

「違う立場」をとる

ここでは「転職」に反対の立場から、ことわざを引用してみましょう。

Of course, people should stay with the same company for a long time.
（もちろん、長期間同じ会社にとどまるべきです）

By doing so, one can really excel in a certain field and be skillful.
（そうすることで、人はある分野に本当に秀で、熟練することができるのです）

Besides, a person who changes jobs often may lose the trust of employers.
（その上、頻繁に職を変える人は、雇用者の信頼を失いかねません）

As the saying goes, "a rolling stone gathers no moss."
（ことわざにも「転石苔を生ぜず」とあります）

"Moss" represents something worth staying in the same place to gather.
（「苔」は、得るために同じ場所にとどまる価値があるものを意味しています）

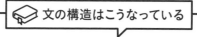
文の構造はこうなっている

意見 ひとつの職場に長くとどまることはもはや有益ではない。

↓

理由1 多くの企業が経験豊富な人材を求めている。

↓

理由2 異なる会社の異なる職で働くことは楽しく有益。

↓

結び 引用（アインシュタイン）

14 | 公共の場での喫煙

Are you in favor of banning smoking in public places?

I am strongly in favor of banning smoking in public places.

Smoking harms people's health. / First, smoking harms the smoker's health. Whether people smoke in public or private, we should make more effort to keep them from smoking for their own protection. Second, it harms the health of people around the smoker. Second-hand smoke is as harmful as smoking itself. It isn't fair that non-smokers should experience the harmful effects of smoking in a restaurant or other enclosed space.

If a person really wants to smoke, at least they should step outside away from other people.

Words and Phrases

- □ **in favor of**　～に賛成して、～を支持して
- □ **ban**　～を禁止する
- □ **public**　公共（の）
- □ **harm**　～に害を及ぼす
- □ **private**　個人（の）
- □ **make an effort**　努力する
- □ **keep A from B**　A（人）にBをさせない

- □ **protection**　保護
- □ **second-hand smoke**　副流煙
- □ **harmful**　有害な、害を及ぼす
- □ **experience**　～を経験する
- □ **effect**　影響、結果
- □ **enclosed space**　閉鎖空間
- □ **step outside**　外へ出る

Banning Smoking in Public Places

日本語訳

あなたは、公共空間での喫煙を禁止することに賛成ですか。

　公共の場での喫煙を禁止することを強く支持します。

　喫煙は人々の健康に害を及ぼします。第1に、喫煙は喫煙者本人の健康を害します。喫煙するのが人前であれプライベートであれ、喫煙者自身を守るために、彼らにたばこを吸わせないよう、私たちはもっと努力すべきです。第2に、喫煙は喫煙者の周囲の人たちの健康を害します。副流煙は、喫煙そのものと同じくらい有害です。非喫煙者がレストランやその他の閉鎖された空間で、喫煙の有害な影響を受けるのはフェアではありません。

　どうしても喫煙したいのなら、彼らは少なくとも他人から離れて外に出るべきです。

使える機能表現

□ **I am (strongly) in favor of** （〜を［強く］支持します）**賛否**
□ **should ...** （…すべきである）**義務**
□ **as A as B** （Bと同じくらいA）**比較**
□ **It isn't fair that** （〜は公正ではない）**公平性**
□ **If A, (then) B** （もしAならBである）**仮定**

スキル 14 | メッセージは単刀直入に
Smoking harms people's health.

解説

　「箇条書き」の発想は、重要な論点を明確にするための思考法です。ダラダラと長い文になってしまっては、論点がぼやけてしまいます。「第 1 に、喫煙は人類にとって長い歴史はあるものの、現在では反対する人も多く、それはなぜかと言えば…」などが悪文の例です。

　Smoking harms people's health. とした上で、第 1 に、**smoking harms the smoker's health**、第 2 に、**it harms the health of...** のように、まず要点だけを述べるのがコツです。SVO（主語＋動詞＋目的語）などのシンプルな構成にするように心がけ、その後で改めて説明するといいでしょう。

　Smoking を主語に、「喫煙は○○を〜にする」という簡潔な文にし、インパクトのある動詞 **harm**（害する）で、聴き手に強い印象を与えます。

SVO（主語＋動詞＋目的語）の文　　🔊 TRACK 28

☐ **Smoking harms people's health.**
（喫煙は人々の健康を害します）

☐ **Smoking induces fatal illnesses.**
（喫煙は生命を脅かす病気を誘発します）

☐ **The death penalty deters potential crimes.**
（死刑は潜在的犯罪を抑止します）

☐ **Global warming threatens our future.**
（地球温暖化は私たちの未来を脅かします）

☐ **The risks of nuclear power outweigh the benefits.**
（原子力の危険性は、その利点を上回ります）

「違う立場」をとる

　近年は「喫煙」に対する社会的風当たりが強いため、banning（禁止）に真っ向から反対することは憚（はばか）られるかもしれません。それでも「喫煙場所の設置」などの条件つきで喫煙者の権利を擁護することはできます。

I am against totally banning smoking in public places.
（公共の場で喫煙を完全に禁止することには反対です）

I'm not a smoker myself, but some of my friends are.
（私自身は喫煙者ではありませんが、友人の中には喫煙者もいます）

They are always complaining about current non-smoking pressures.
（彼らはいつも昨今の禁煙への圧力に不平をもらしています）

Even in public places, both smokers' and non-smokers' rights can be protected by setting up smoking sections.
（公共の場所においても、喫煙セクションを設けることで喫煙者、非喫煙者双方の権利を守ることができるでしょう）

 文の構造はこうなっている

主張 公共の場での喫煙禁止に強く賛成である。

↓

理由 人々の健康を損ねる。

　　具体化① 喫煙者自身の健康を害する。
　　　　　　説明：公共であってもなくても、喫煙は有害。
　　具体化② 周りの人にも有害。
　　　　　　説明：副流煙が有害。

↓

結び 吸いたければ、他人に害を与えないようにすべき。

15 ソーシャルメディアと心の健康

Social media is bad for our mental health. Do you agree with this statement?

I completely agree.

Social media can be harmful for our self-esteem. For example, in the fake world on Instagram, I see a picture of a beautiful girl eating cake in a cute cafe. Then, I feel jealous of the girl's appearance and her fun social life. I feel sad about my own life. However, in reality, she used a filter on the photo that makes her look nicer. Also, she probably didn't even eat the cake after she took the photo!

Words and Phrases

□ **social media**　ソーシャルメディア
□ **mental health**　心の健康
□ **statement**　意見、発言
□ **harmful**　害になる、有害な
□ **self-esteem**　自尊心、自己肯定感
□ **fake**　偽の、まやかしの
□ **cute**　すてきな、かわいい

□ **feel jealous of**　〜に嫉妬する
□ **appearance**　外見、容姿
□ **fun**　楽しい
□ **social life**　社会生活
□ **filter**　（カメラの）フィルター
□ **look nice**　見栄えがする
□ **probably**　たぶん、おそらく

Social Media and Our Mental Health

日本語訳

ソーシャルメディアは私たちの心の健康に悪い。
あなたはこの意見に賛成ですか。

　私はまったく賛成です。

　ソーシャルメディアは私たちの自尊心に害を及ぼしかねません。例えばインスタグラムの偽(にせ)の世界で、きれいな女の子がおしゃれなカフェでケーキを食べている写真を見ます。そうすると、私はその子の外見と楽しい社会生活に嫉妬(しっと)を感じます。私は自分の生活が悲しくなります。しかしながら実際には、彼女は自分の見栄えをよくするフィルターを写真に使っていたのです。それに、彼女はおそらく写真を撮ったあとに、ケーキを食べることすらしなかったでしょう！

使える機能表現

- □ **I completely agree.** （まったく同意します）賛否
- □ **For example,** （例えば）例示
- □ **Then,** （そうすると）結果
- □ **However,** （しかしながら）逆接
- □ **in reality,** （実際には）事実

スキル 15 | 重要なメッセージは７±２語
Social media can be harmful ...

解説

重要なメッセージは「シンプルに、短く」が鉄則。具体的には何語を「短い文」と言えるでしょうか。ジョージ・ミラーというアメリカの心理学者は、人間が一時的な記憶で処理できるのは7±2語、という「チャンク理論」を提唱しています。

スキル14でインパクトのある動詞を使うのが効果的だと述べましたが、そのような動詞が思いつかないときには、そこで時間を費やしてしまうよりは、簡単にbe動詞を使ってSVC（主語＋動詞＋補語）で表現することもできます。その際にも、特に重要なメッセージは7±2語程度でまとめるのが望ましいでしょう。

SVC構文の注意点として、**It is ...** の文型を多用してしまうと、文が冗長になり、意味が不明瞭になってしまう危険性があります。テーマとなる語（Exercise, Smoking, Having computer skillsなど）を主語にすることで、メッセージが明確になります。

SVC（主語＋動詞＋補語）の文　🔊 TRACK 30

☐ **... is good/bad for**　「〜にとって良い／悪い」
Exercise is good for your mental and physical health.
（運動は心身の健康にとって良い）
Smoking is bad for your health and the health of others.
（喫煙はあなたの健康や他人の健康にとって有害です）

☐ **... is important for**　「〜にとって重要だ」
Having computer skills is important for those seeking jobs.
（パソコンスキルを持つことは職を探している人にとって重要です）

☐ **... is (not) enough to**　「〜するのに十分である（ない）」
Good academic grades are not enough to get a job you want.
（優秀な学業成績は、自分が望む仕事を得るためには十分ではない）

「違う立場」をとる

ソーシャルメディアの利点を挙げながら、それが健康に悪いばかりではないという立場をとってみましょう。

Social media is not always harmful for our mental health.
（ソーシャルメディアは常に私たちの精神衛生上有害なばかりではありません）

Everyone has a desire to express themselves.
（誰でも自己主張したいという欲求は持っています）

However, it is difficult in the real world to freely express oneself.
（しかしながら、現実の社会では自由に自分を表現することは難しいものです）

Repressing the desire for self-expression can be harmful.
（自己表現の欲求を抑圧することが有害にもなり得るのです）

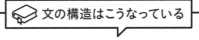 文の構造はこうなっている

意見 まったく賛成である。

⬇

理由 ソーシャルメディアは自尊心に悪影響
例：インスタグラム上の、洒落たカフェでケーキを食べるきれいな女の子
⬇
うらやましい
⬇
自分の生活を卑下
⬇
写真は虚構かもしれない。

16 | 暴力的ゲームと子ども

Kids should not play violent video games because it makes them violent in real life. What do you think about this statement?

I see both sides of the argument about video games making kids violent.

If kids see violence every day in a video game, they get used to it and become desensitized. So, this means they may feel it's ok to commit a violent act in real life.

Yet, neither case studies of violent kids in real life, nor scientific theories show this to be true.

Unless we can prove that there is a link between the two things, it is not fair to stop kids from playing violent video games.

Words and Phrases

- ☐ **kid**　子ども
- ☐ **violent**　暴力的な、暴力シーンの多い
- ☐ **argument**　議論
- ☐ **get used to**　〜に慣れる
- ☐ **desensitize**　〜を鈍感にする
- ☐ **commit**　（罪などを）犯す
- ☐ **act**　行為、行い

- ☐ **neither A nor B**　AとBのどちらも〜ない
- ☐ **case study**　事例研究
- ☐ **theory**　理論、学説
- ☐ **prove**　〜を証明する
- ☐ **link**　関連、つながり
- ☐ **fair**　公正な、正当な

Kids Playing Violent Video Games

日本語訳

子どもは暴力シーンの多いビデオゲームで遊ぶべきではない。なぜなら、それは彼らを実生活でも暴力的にするからだ。この意見についてどう思いますか。

　ビデオゲームが子どもを暴力的にするという議論に関しては、どちらの側も理解できます。

　子どもが毎日ビデオゲームで暴力を目にしたら、彼らはそれに慣れてしまい、鈍感になってしまいます。これは彼らが実生活で暴力行為をはたらいてもいいと感じてしまうかもしれないことを意味します。

　しかしそれでも、それが正しいことを示す、現実における暴力的な子どもの実例研究も、科学的理論もありません。

　2つの事柄の関連性を証明できない限り、子どもが暴力的なビデオゲームで遊ぶのをやめさせるのは公平ではありません。

使える機能表現

- ☐ **I see both sides of the argument about**
  （〜の議論に関してはどちらも理解できます）中立
- ☐ **This means (that)** （これは〜を意味する）言い換え
- ☐ **Yet,** （しかしそれでも）逆接
- ☐ **Unless** （〜でない限り）条件
- ☐ **It is not fair** （公平ではない）公平性

スキル 16 | 接続詞はここ一番で使う
Unless we can prove that ...

解説

「短く端的なメッセージ」を心がけ、接続詞はここ一番で論理的つながりを示すために使いましょう。論理的な流れができていれば、接続詞は「有益」かつ「必要」なものです。ただし、問題になるのは、**and, or, but** などの接続詞をむやみに多用してしまうことです。それによって文が不要に長くなってしまい、論理的なつながりが不明瞭になってしまうケースが見られます。

接続詞の効果的な使用例　🔊 TRACK 32

☐ **They get used to it and become desensitized.**
（彼らはそれに慣れてしまい、鈍感になってしまいます）

☐ **He worked so hard through college and became a successful scientist.**
（彼は大学で大変努力して、立派な科学者になった）
☝ 同質のものをダラダラと併記するのではなく、前の節を受けてその結果につなげる and の例2つ。

☐ **Unless we can prove that there is a link between the two things, it is not fair to stop kids from playing violent video games.**
（2つの事柄の関連性を証明できない限り、子どもが暴力的なビデオゲームで遊ぶのをやめさせるのは公平ではありません）

☐ **We have to act now, or the next generation will have to live in a much more polluted environment.**
（私たちが今すぐに行動しなければ、次世代ははるかに汚染された環境の中で生活しなければならないでしょう）
☝ 「もし…しなければ」と条件を付帯させる接続詞の例2つ。

☐ **It is not only unfair, but also illegal.**
（それは公平性を欠くばかりでなく、違法でもある）

「違う立場」をとる

　ここでは、子どもが暴力的なビデオゲームで遊ぶのを「禁止すべき」という立場を考えてみましょう。

I believe that violent video games should be restricted.
（暴力的なビデオゲームは制限されるべきだと思います）

Actually, violent movies are usually age-restricted.
（実際に、暴力的な映画には通常、年齢制限があります）

Then, why should video games not be?
（だったら、ビデオゲームもそうすべきではないでしょうか）

Children can be easily affected by what they see.
（子どもたちは見るものに簡単に影響されます）

We should never forget that not all children are mature enough to distinguish between what is fake and what is real.
（すべての子どもが虚構と現実を区別できるほど成熟しているわけではないことを、私たちは決して忘れるべきではありません）

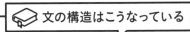
📖 文の構造はこうなっている

意見 両面がある。

⬇

ある側面 暴力シーンを毎日見ていれば、暴力に鈍感になる。
　　　　　⬇
　　　　　現実世界でも暴力的になる。

⬇

別の側面 しかし、科学的根拠は薄く、証明は困難。

⬇

結論 関連性を証明できない限り、禁止すべきでない。

17 ｜ 投票の義務化

Should voting be compulsory?

I think that the idea of compulsory voting is a very bad idea.

I have two good reasons that support my opinion. First, people may often vote at random. Second, it is undemocratic.

Let me explain both reasons. Nowadays many people are not interested in politics. If they are forced to vote, then they might lazily vote for anybody without thinking. Thus, their vote is rather pointless. Also, if people cannot choose to vote, **it completely goes against** individual freedom.

Words and Phrases

- [ ] **voting** 投票
- [ ] **compulsory** 義務的な、強制的な
- [ ] **support** 〜を支える、裏づける
- [ ] **opinion** 意見、見解
- [ ] **at random** 無作為に、でたらめに
- [ ] **undemocratic** 非民主的な
- [ ] **nowadays** 最近は、今日では

- [ ] **force** 〜を強要する、強制する
- [ ] **lazily** だらだら、怠惰に
- [ ] **rather** かなり、幾分
- [ ] **pointless** 無意味な
- [ ] **completely** まったく、完全に
- [ ] **go against** 〜に反する、逆らう
- [ ] **individual freedom** 個人の自由

Making Voting Mandatory

日本語訳

投票を義務化すべきだと思いますか。

私は義務投票制はかなりまずい考えだと思います。

私の意見を裏づける正当な理由が2つあります。第1に、人々は往々にしてでたらめに投票しかねません。第2に、それは非民主的です。

両方の理由を説明させてください。今日(<ruby>今日<rp>(</rp><rt>こんにち</rt><rp>)</rp></ruby>)では、多くの人が政治に興味がありません。投票することを強制されたら、彼らはろくに考えもせず、いい加減に誰にでも投票してしまうかもしれません。結果として、彼らの投票はかなり無意味になります。それに、人々が投票することを選べなければ、それは完全に個人の自由に反しています。

使える機能表現

☐ **I think that** （〜だと思います）**意見**
☐ **I have two good reasons that support ...**
　（…を支持する2つの正当な理由があります）**理由・原因**
☐ **Let me explain both reasons.** （両方の理由を説明させてください）**理由・原因**
☐ **Thus,** （結果として）**結果**
☐ **Also,** （それにまた、さらに）**付加**

スキル 17 副詞は効果的にピンポイントで
It completely goes against ...

解説

　どのように重要なのかを説明せずにIt is very importantとか、very very importantと繰り返し述べることは、日本語で言えば、「すごくスゴイ」とジョークで使われるような表現に聞こえてしまい、語彙の少なさを露呈してしまうことにもなりかねません。

　副詞の有効な使い方としては、「強調」したり、意図をより明確にする、などが挙げられます。そのほか、「頻度、可能性」や「結果」、それに「様態」を表すbadly（ひどく）、easily（簡単に）など多くの種類の副詞があります。「使いやすそう、かっこいい」と思える言葉に出会ったら、ぜひボキャブラリーに加えてみてください。

〈自然な強調表現〉　　　　　　　　　　　　　　　　🔊 TRACK 34

☐ **utterly / totally / extremely**　「まったく、完全に、非常に」
I was utterly speechless at the news.
（その知らせにまったく言葉を失いました）
☞ 話し言葉としても自然な副詞。例文のutterly speechlessなど、相性のよい単語と一緒に覚えておきましょう。

〈頻度、可能性など〉
☐ **often**　「たいてい」　　☐ **always**　「いつも、常に」
☐ **(most) likely / (most) probably**　「たぶん、おそらく」
After all, honesty is always the best policy in the end.
（つまり、結局は正直さが常に最善の策なのです）
☞ 「高い頻度や可能性」にも強調効果があります。

〈結果〉
☐ **thus**　「結果として」　　☐ **therefore**　「したがって」
Therefore, I feel it is our duty to do so.
（したがって、そうすることはわれわれの義務だと感じます）
☞ やや堅い印象で、話し言葉としてはかしこまった状況向き。同じ意味でよりカジュアルなso（だから）とうまく使い分けましょう。

「違う立場」をとる

　「投票すべき」という立場を擁護するために、小難しい理屈を並べる必要はありません。このような「個人」と「社会」の関わりが問われるテーマに正解はなく、英語の試験では「正しい意見」を求められるわけではないので、思い切り良く自分の考えを述べましょう。

I am in favor of compulsory voting.
（義務投票制に賛成です）

Voting is a fundamental right for which our ancestors literally died.
（投票は、私たちの祖先が文字通り死ぬほど望んだ基本的権利です）

Those who do not vote have no right to complain about the way our country is run.
（投票しない人たちに国家運営の方法に不平を言う権利はありません）

High voter turnout is essential for the prosperity of our country.
（高い投票率は私たちの国の繁栄にとって不可欠です）

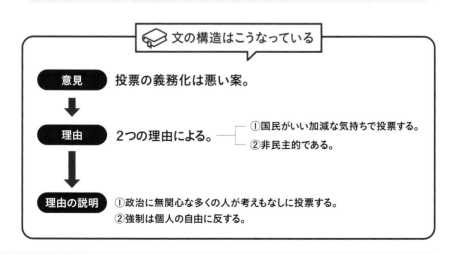

文の構造はこうなっている

| 意見 | 投票の義務化は悪い案。 |

↓

| 理由 | 2つの理由による。 ── ①国民がいい加減な気持ちで投票する。
②非民主的である。 |

↓

| 理由の説明 | ①政治に無関心な多くの人が考えもなしに投票する。
②強制は個人の自由に反する。 |

18 | 日本の世界遺産

Japan should get more World Heritage Sites. Do you agree?

Today, **Japan has 23 World Heritage Sites**.

In my opinion, Japan should add even more places to the list. First, Japan has greatly benefited from the existing sites. They have attracted many tourists and boosted local economies. Second, I think it is good for Japan to preserve its history and culture for future generations.

So, I definitely think that Japan should get more World Heritage Sites.

Words and Phrases

□ **get** 〜を得る、手に入れる
□ **World Heritage Site** 世界遺産(地)
□ **opinion** 意見、見解
□ **greatly** 大いに、非常に
□ **benefit from** 〜から恩恵を受ける
□ **existing** 現在の、既存の
□ **attract** 〜を呼び込む、誘致する

□ **boost** 〜を押し上げる、促進する
□ **local economy** 地域経済
□ **preserve** 〜を保護する、保存する
□ **history** 歴史
□ **culture** 文化
□ **future generation** 次世代、未来の世代
□ **definitely** 間違いなく、絶対に

Japan's World Heritage Sites

日本語訳

日本はもっと多くの世界遺産を獲得すべきです。
これに同意しますか。

現在、日本には23の世界遺産があります。

私の考えでは、日本はもっと多くの場所を（世界遺産の）リストに加えるべきです。第1に、日本は現在の遺跡から大きな恩恵を受けてきました。それらは多くの観光客を呼び込み、地域経済を促進してきました。第2に、日本が将来の世代のために歴史や文化を保存するのは良いことだと思います。

ですから、間違いなく日本はもっと多くの世界遺産を獲得するべきだと思います。

使える機能表現

☐ In my opinion, （私の考えでは）意見
☐ should ... （…すべきである）義務
☐ It is good for ... to （〜することは…にとって良いことである）善悪
☐ So, I definitely think that （だから、私は絶対に〜だと思います）確信

スキル 18 主語は中心的なテーマに
Japan has 23 World Heritage Sites ...

解説

　伝わりやすいメッセージの基本は、「短く」「明瞭で」「的を射ている」こと。このうち、「的を射た」文にするためには、当然ながら中心的なテーマを主語に選ぶことが大切です。

　設問は「日本」の行動について意見を求めていますので、Today, Japan has 23 World Heritage Sites.とそれに続く文で、「日本」を積極的に主語に使うことで、質問に対してより的を射た回答になります。

　Japanが何度も続く場合には、**Our country**、または**Japanese government**と言い換えることができ、「日本の自然美」が関連するテーマであれば、This beautiul country of oursなどと表現することもできます。また、World Heritage (Sites)を主語にもってくることも可能です。

中心的なテーマを主語に選ぶ TRACK 36

☐ **Japan has a responsibility to tackle climate change if it wants to help future generations.**
（未来の世代を救いたければ、日本には気候変動に対処する責任があります）
👉 日本（政府）が採るべき方向性を強調したい場合。

☐ **Climate change is a problem that Japan needs to confront because it is a threat to the future.**
（気候変動は将来への脅威であるため、日本が取り組まなければならない問題です）
👉「気候変動」の深刻さをアピールしたい場合。

☐ **School uniforms promote school spirit.**
（学校の制服は愛校心を育みます）
👉「制服の賛否」がテーマの場合。

「違う立場」をとる

　世界遺産を増やすことの問題点について考えてみましょう。「経済（＝お金）」や混雑について考えることも、ヒントを与えてくれます。

No, I don't think Japan should have more World Heritage Sites.
（いいえ、私は日本が世界遺産を増やすべきだとは思いません）

Unfortunately, it costs a lot of money to build the necessary facilities around a World Heritage Site.
（残念ながら、世界遺産の周辺に必要な施設を建設するためには多額の費用がかかります）

Also, it may result in overtourism. Just look at how crowded Mt. Fuji is during the summer!
（それに、観光客が増え過ぎることにつながるかもしれません。夏期に富士山がどれだけ混雑しているかを見てください！）

Overtourism may also increase the cost of preservation.
（観光客が増え過ぎることで、維持費も上昇するかもしれません）

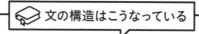 文の構造はこうなっている

現状 日本には23の世界遺産がある。

意見 もっと増やすべき。
- 理由① 日本は今ある世界遺産から大きな利益を得ている。説明：地域経済が活性化。
- 理由② 次世代のために歴史や文化を守るのは良いこと。

結論 より多くの世界遺産を持つべき。

19 | 結婚の適齢期

 英文　　　　　 TRACK 37

Should people get married before the age of 30?

I am opposed to marrying before the age of 30.

In the first place, marriage is a lifetime contract that requires work and commitment. Many young people value freedom. They want to explore different relationships before they settle down.

If they marry at a young age, then they may feel that they missed out on experiences. In some cases, they may commit adultery or choose to divorce.

Couples should treat marriage seriously and only do it when they are ready.

Words and Phrases

☐ **marry** 結婚する
☐ **marriage** 結婚、婚姻
☐ **lifetime** 一生の、生涯の
☐ **contract** 契約、協定
☐ **require** ～を必要とする
☐ **commitment** 献身、責任
☐ **value** ～を重んじる、大切にする
☐ **freedom** 自由、気まま

☐ **explore** ～を探求する、探る
☐ **relationship** （恋愛）関係
☐ **settle down** 身を固める
☐ **miss out on** ～の機会を失う
☐ **commit adultery** 不倫する
☐ **divorce** 離婚する
☐ **treat** ～を扱う
☐ **seriously** 真剣に、真面目に

Getting Married before the Age of 30

日本語訳

結婚は30歳までにすべきだと思いますか。

30歳より前に結婚することには反対です。

そもそも、結婚は一生涯の契約であり、努力と献身が求められます。多くの若者は自由を重んじます。身を固める前に、さまざまな恋愛関係を探りたいのです。

もし彼らが若い年齢で結婚すれば、経験の機会を逃したと感じてしまうかもしれません。不倫を犯したり、離婚することを選んだりする場合もあるかもしれません。

カップルは結婚を真剣にとらえて、準備ができたときにのみするべきです。

使える機能表現

☐ **I am opposed to -ing** （〜することには反対です）**賛否**
☐ **In the first place,** （まず第一に、そもそも）**順序立て**
☐ **If A, then B** （もしAならBである）**仮定**
☐ **In some cases,** （場合によっては）**例示**
☐ **should ...** （…すべきである）**義務**

スキル 19 | 能動態の動詞を使う
If they marry at a young age ...

解説

　この例文の最重要語は marry（結婚する）です。問題文では **get married** としていますが、意見を述べるときに **If they marry** と能動態を使うことで、よりストレートに「結婚」そのものに焦点が当たっている印象になります。

　「行為」や「動作」を強調したいときや、口語よりも文語的表現が望ましいとき、またスピーキングでも友人などとのカジュアルな会話ではなく、フォーマルなスピーチ、さらに言えば、社会的なテーマについてスピーチするときなどは、熟語や慣用表現に頼るよりも、ずばり「動詞一語」で表現するのが効果的です。

「能動態の動詞を使う」表現　　🔊 TRACK 38

☐ **take part in → participate (in)** 「参加する」
Mike took part in the conference.
Mike participated in the conference.（マイクはその会議に参加した）

☐ **be afraid of → fear** 「恐れる」
He is afraid of going out at night.
He fears going out at night.（彼は夜間に外出することを恐れている）

☐ **keep ... from → prevent** 「防ぐ」
Consumption tax keeps us from overconsuming.
Consumption tax prevents our overconsumption.
（消費税は過剰な消費を防ぎます）

☐ **make a choice → choose** 「選ぶ」
I could make a choice whatever school I wanted to attend.
I could choose whatever school I wanted to attend.
（私はどこでも行きたい学校を選択できた）

「違う立場」をとる

　「個人的」な見解を問われるテーマでは、論理性や手順にあまりこだわらず、自分の考えを自由に述べるのでもいいでしょう。

I believe in love, and love has nothing to do with age.
（私は愛を信じます。そして愛は年齢とは関係ありません）

Some people may worry that love might not last.
（愛情は長く続かないと心配する人もいるかもしれません）

I do believe, however, that marriage gives us strength.
（しかしながら、結婚は私たちに強さを与えてくれると信じます）

First, marriage helps us to be independent.
（まず、結婚は私たちを自立させてくれます）

Second, marriage strengthens our sense of responsibility.
（次に、結婚は私たちの責任感を強めます）

It's never too early to marry if you're in love.
（愛し合う者が結婚するのに早すぎることはありません）

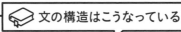

文の構造はこうなっている

主張 30歳前の結婚には反対である。

⬇

前提 結婚は一生もの。
若者には自由や探求が必要。

⬇

弊害 「経験」の喪失感 ➡ 不倫、離婚

⬇

結論 結婚は真剣に考えた後にすべき。

20 | 学生の髪の色

 英文 TRACK 39

Students should be able to wear their hair a different color (than black). Do you agree with this statement?

I agree with this statement.

I think **students should be allowed to express their individuality**. There is too much pressure on students to look the same. This is a form of repression.

It is not harmful to anyone if a student dyes their hair and it certainly does not mean that they are anti-establishment. Don't you think it's wrong to judge people by the color of their hair?

Words and Phrases

□ **be able to** 　〜することができる
□ **wear** 　（髪を〜の状態に）している
□ **statement** 　意見、発言
□ **express** 　〜を示す、表現する
□ **individuality** 　個性、自分らしさ
□ **pressure** 　圧力、強制
□ **look the same** 　同じように見える

□ **a form of** 　ある種の〜
□ **repression** 　抑圧、抑制
□ **harmful** 　有害な、害になる
□ **dye** 　〜を染める、〜に着色する
□ **certainly** 　確実に、間違いなく
□ **anti-establishment** 　反体制の
□ **judge** 　〜を評価する、判断する

Students' Hair Color

日本語訳

学生は髪の毛を（黒とは）違う色にすることを許されるべき。この意見に賛成ですか。

　私はこの意見に賛成です。

　生徒たちは、自分らしさを表現することを許されるべきだと思います。同じように見えるように、という生徒たちへの圧力が強すぎます。これはある種の抑圧です。

　生徒が髪を染めても誰にも害はありませんし、それで彼らが反体制だという意味には決してなりません。人間を髪の色で判断するなんて間違っているとは思いませんか。

使える機能表現

☐ **I agree with**　（～に同意します、賛成です）**賛否**
☐ **This is a form of**　（これは一種の～だ）**例え**
☐ **It is (not) harmful to**　（～に害になる [ならない]）**弊害・不利益**
☐ **Don't you think...?**　（～とは思わないか）**賛否**

スキル 20 | ラテン語起源の動詞を使う

解説

　中国古典に由来する四字熟語を日本人が使うことで知的さを演出できるように、英語では「ラテン語由来の動詞」を使用することで、聞き手にインパクトを与えることができます。

　例文で使われているラテン語起源の **express** は、接頭辞 ex-「外へ」と press「圧」から成る語で、「外に向かって強く押し出す」イメージのため、show their individuality よりはるかに力強い印象になります。

　単語を学ぶときには、起源を同じくする関連語を同時に覚えてしまうことで、語彙力アップにもつながります。

ラテン語起源の動詞　🔊 TRACK 40

☐ **express**　ex-（外へ）＋ press（押す）→「外へ押し出す」→「表現する」
　☞ 関連語：impress（im-「上に」＋ press「押し付ける」→「印象づける」）、suppress（sup-「下に」＋ press「押し付ける」→「抑圧する」）など。

☐ **produce**　pro-（前面に）＋ duce（導く）→「生産する、産出する」
　☞ 関連語：induce（引き出す、誘導する）、introduce（紹介する、導入する）、reduce（減少させる）など。

☐ **export**　ex-（外へ）＋ port（運ぶ）→「輸出する」
　☞ 関連語：import（輸入する）、explain（説明する）など。

☐ **reply**　re-（戻す）＋ ply（折る）→「折り返す、返事をする」
　☞ 関連語：repeat（反復する）、recycle（再利用する）など。

☐ **descend**　de-（下に）＋ scend（上る）→「降りる」
　☞ 関連語：decrease（減少する）、decline（断る）など。

「違う立場」をとる

　「ユーモア」はひとつの表現技法ですが、下の2つ目の文のようにジョークを交えてみるのも面白いでしょう。「ふざける」のではなく、あくまでも真面目に主張し、その中に極端な例を挙げることで、聴き手（読み手）に状況をありありとイメージさせ、「面白い」と感じてもらうことができれば成功です。

No, I don't agree with this statement if it means students can dye their hair whatever color they like.

（いいえ、もし生徒が何でも好きな色に髪を染めていいという意味であれば、この意見には賛成できません）

Suppose you're studying surrounded by yellow, green, blue, purple, and red hairstyles. It would be totally distracting!

（黄色、緑、青、紫、赤の髪の毛に囲まれて勉強しているところを想像してみてください。まるで集中できないでしょう！）

That's why I believe that certain rules are necessary.

（私がある程度の規則は必要だと思うのは、そういう理由からです）

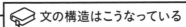 文の構造はこうなっている

意見　「髪の色は自由」に賛成。

理由　①個性の表現は許されるべき。
　　　　②強制は一種の抑圧である。

結び　髪を染めても誰にも害はない。

21 | 地方 vs. 都会

 英文

 TRACK 41

It is better to live in the city than in the countryside. Do you agree?

Yes, I do. **Supposedly in Japan**, most people live in the city.

This is because we can find employment in big cities whereas in the countryside there are fewer jobs. Regrettably, rural areas in Japan are facing a declining population as young people move to the city to find work. In some countryside villages, only one or two people live there!

Especially, for young people it is better to live in the city than in the countryside.

Words and Phrases

- □ **city**　都市、都会
- □ **countryside**　田舎、地方
- □ **supposedly**　推定では、おそらく
- □ **employment**　雇用、職
- □ **regrettably**　残念ながら
- □ **rural area**　農村地域、田舎
- □ **face**　（困難などに）直面する
- □ **declining population**　人口減少
- □ **move to**　〜に引っ越す、移動する
- □ **find work**　仕事を探す
- □ **village**　村
- □ **especially**　特に、とりわけ

Living in the City or in the Countryside

日本語訳

地方より都会に住む方がよい。これに賛成しますか。

はい、賛成です。おそらく日本ではほとんどの人が都会に住んでいると考えられます。

　これは、大都市では雇用が見つかる一方で、地方には仕事が少ないからです。残念ながら、日本の農村地域は人口減少に直面していますが、これは若者たちが仕事を探すために都会に移り住むからです。地方の村には、1人か2人しか住んでいないところもあります！

　特に若い人たちにとっては、地方より都会に住む方がいいのです。

使える機能表現

☐ **This is because ...** （これは…だからだ）理由・原因
☐ **A whereas B** （Aである一方でB）対照
☐ **as ...** （…なので、…だから）理由・原因

スキル 21 文全体を修飾する副詞を使う
Supposedly in Japan ...

解説

　副詞は主に動詞や形容詞を修飾しますが、文頭に置いて文全体を修飾することもできます。「文全体を修飾する副詞」を使うことで、こちらの意図を一語で表すことができるため、うまく取り入れることをおすすめします。

　例文では**Supposedly,**（推定では）を使うことで、それに続く文があくまでも推測であることを、**Regrettably,**（残念ながら）で「農村地域の人口減少」を遺憾に思う気持ちを伝えています。

「文全体を修飾する副詞を使う」表現　　🔊 TRACK 42

☐ **Evidently,** 「明らかに」
Evidently, young people these days prefer to live in big cities rather than in rural areas.
（明らかに、今日の若者は農村地域よりも大都市に住むことを好みます）

☐ **Statistically,** 「統計的に」
Statistically, our country seems to be enjoying economic prosperity.
（統計の上では、わが国は経済的繁栄を享受しているように見えます）

☐ **Shockingly,** 「衝撃的なことに」
Shockingly, there are still children who cannot afford to go to school.
（衝撃的なことに、学校に行くことがかなわない子どもがいまだにいるのです）

☐ **Supposedly,** 「推定では、おそらく」
Supposedly in Japan, most people live in the city.
（おそらく、日本ではほとんどの人が都会に住んでいると考えられます）

☐ **Regrettably,** 「残念ながら」
Regrettably, rural areas in Japan are facing a declining population.
（残念ながら、日本の農村地域は人口減少に直面しています）

☞ 他にもfortunately（幸いにも）、unfortunately（あいにく）、generally（一般に）など、文全体を修飾する副詞は数多くあります。

「違う立場」をとる

　問いかけから始めて、その後田舎暮らしの利点を挙げていきます。nature（自然）などは、誰もが思いつくところでしょう。最後はしっかり結論づけることを忘れずに！

It may be true that young people are attracted to urban life, but more and more people are deciding to move back to the countryside once they are older. Why?

（若い人たちが都会の生活に魅力を感じているのは確かかもしれませんが、年をとってから田舎に戻る人が少なくありません。なぜでしょうか）

We can enjoy the natural landscape, fresh air, and fresh vegetables.

（自然の景観、新鮮な空気や新鮮な野菜を楽しむことができます）

At the same time, our lives will be less stressful, and we can be healthier.

（それと同時に、生活のストレスが少なくなり、より健康になれます）

I would rather choose to live in the countryside.

（私なら田舎で暮らすことを選びます）

 文の構造はこうなっている

事実 日本ではほとんどの人が市街地に住んでいる。

理由 都市部には雇用があり、田舎にはない。—— 若者は仕事を求めて都市に出てしまう。

結果 ほとんど人が住んでいない農村地域もある。

結論 若者にとっては、都市の方が住みやすい。

22 | 生きがい vs. 給料

 英文 TRACK 43

Which do you think is more important, job satisfaction or a high salary?

For me personally, job satisfaction is more important than having a high salary.

Earning a lot of money is dangerous. **Money is like a drug,** you become addicted. The more you earn, the more you spend. It's a vicious cycle.

After all, money cannot buy happiness. I think it is better to feel happy while you are working and to find meaning in your job.

Words and Phrases

- □ **important**　重要な、大切な
- □ **job satisfaction**
  仕事の満足度、働きがい
- □ **high salary**　高給、高い給料
- □ **personally**　個人的には
- □ **earn**　（金を）稼ぐ、（収入を）得る
- □ **dangerous**　危険な、危ない

- □ **drug**　麻薬、薬物
- □ **addicted**　中毒になって、依存して
- □ **spend**　（金を）使う
- □ **vicious cycle**　悪循環
- □ **happiness**　幸福、幸せ
- □ **meaning**　意味、意義

Job Satisfaction or a High Salary

日本語訳

仕事のやりがいと高い給料、どちらがより大切だと思いますか。

個人的には、高い給料をもらうよりも仕事の満足度の方が大事です。

多くのお金を稼ぐことは危険です。お金は麻薬みたいなもので、中毒になります。稼げば稼ぐほど、たくさんお金を使います。それは悪循環です。

結局のところ、お金で幸せは買えません。働きながら幸せを感じて、自分の仕事に意味を見出す方がいいと思います。

使える機能表現

- □ personally ...　（個人的には）意見
- □ ... is important than　（…は〜より重要だ）重要性
- □ ... is like ~　（…は〜のようなものだ）例え
- □ The more ..., the more ~　（…すればするほど、ますます〜）比例
- □ After all,　（結局のところ、やはり）結論

スキル **22** | 比喩（アナロジー）を使う
Money is like a drug ...

解説

「比喩（アナロジー）」などと言うと小難しく聞こえるかもしれませんが、要は、何かに例えることによって分かりやすく説明するテクニックのことです。「例示」とか「例え」ぐらいに考えてもらえればいいでしょう。

例文では「生きがいか給料か」というテーマについて、「給料」すなわち「お金」の危険性に触れ、**Money is like a drug.**（お金は薬物のようなものだ）と例えた上で、「稼げば稼ぐほど、使いたくなる悪循環」という論を展開しています。

「比喩を使う」表現　🔊 TRACK 44

□ **... is like**　「…は〜のようなものだ」
Money is like a drug, you become addicted.
（お金は麻薬みたいなもので、中毒になります）

□ **... is the same as**　「…は〜と同じことだ」
Workaholism is the same as smoking, they are both killer addictions.
（仕事中毒は喫煙と同じで、それらは共に致命的な依存症です）

□ **It can be compared to**　「それは〜に例えられる」
It can be compared to finding a needle in a haystack.
（それは干し草の山から一本の針を見つけることに例えることができます）

□ **Let me give you an analogy.**
「比喩を挙げてみましょう」
Let me give you an analogy: Life is like a box of chocolates; you never know what you're going to get.
（比喩をひとつ挙げてみましょう。人生は箱に入ったチョコレートのようなものです。何を食べることになるかは分からないのです）出典：映画『フォレスト・ガンプ』

「違う立場」をとる

　「やりがい」よりも「給料」という立場は、なかなかとりにくいかもしれませんが、次のような考え方もできます。

I would rather work for money than for personal satisfaction.
（私だったら、自分個人の満足よりもお金のために働きます）

First, work is only a means of earning a living to me. My hobbies are where I find happiness.
（第 1 に、仕事は私にとって生活のために稼ぐ手段に過ぎません。私が幸福を求めるのは趣味です）

Secondly, I don't work for my own gratification but to provide a stable life for my family.
（第 2 に、私は自分の満足のためではなく、家族が安定した生活を送れるように働きます）

It may be fortunate if our job is also our passion but, after all, we are not being paid to enjoy our job, rather the efforts we make for our employer.
（もし夢中になって打ち込める仕事であれば幸運ですが、つまるところ、私たちは仕事を楽しむためではなく、雇用主のためにする努力によって給料が支払われているのです）

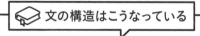 文の構造はこうなっている

意見　高給より仕事の満足度の方が大切。

↓

理由　大金を稼ぐことは危険。── 比喩：麻薬のようなもの
　　　　　　　　　　　　　　　　説明：稼げば稼ぐほど、
　　　　　　　　　　　　　　　　　　　もっと使いたくなる。
　　　　　　　　　　　　　　　　　　　↓
　　　　　　　　　　　　　　　　悪循環

結論　お金で幸せは買えない。

23 | 交通機関の優先席

 英文

 TRACK 45

Are you for or against priority seats on public transport?

I am against priority seats on public transport.

Anyone can sit on them, but you are supposed to give up your seat if someone needs it. Nobody ever gives up their seat, so what's the point? **I've seen pregnant women standing while young businessmen sit on the seats a million times**. The worst part is that the young men don't even notice. It's a jungle out there.

I think it's better to have reserved seats exclusively for those in need.

Words and Phrases

- [ ] **priority seat** 優先席
- [ ] **public transport** 公共交通機関
- [ ] **supposed to** 〜しなければならない
- [ ] **give up** 〜を譲る、差し出す
- [ ] **nobody ever** 誰も〜ない
- [ ] **what's the point?** 何の意味があるのか
- [ ] **pregnant** 妊娠した
- [ ] **a million times** 何度も
- [ ] **notice** 気がつく
- [ ] **jungle** 無法地帯
- [ ] **reserved** 予約された
- [ ] **exclusively** 独占的に
- [ ] **those in need** 困っている人

Priority Seats on Public Transport

日本語訳

公共交通機関の優先席に賛成ですか、それとも反対ですか。

　私は、公共交通機関の優先席には反対です。

　誰でもそこに座れますが、必要な人がいる場合には席を譲ることになっています。誰も席を譲らないなら、何の意味があるでしょう。妊婦さんが立っていて、若いビジネスマンが優先席に座っているのを何度も見かけました。最悪なのは、若い男性たちが気づきもしないことです。あそこは無法地帯です。

　困っている人専用の予約席を設ける方がいいと思います。

使える機能表現

☐ **I am for/against** （～に賛成／反対です）**賛否**

☐ **The worst part is that** （最悪なのは～だ）**弊害・不利益**

☐ **I think (that)** （～と思います）**意見**

スキル 23 | 誇張して感情に訴える
I've seen ... a million times

解説

　説得力は論理性からのみ生まれるものではありません。感情に訴えかけることも、時には大切です。また、英語の「上手さ」を感じてもらうためには、相手の「感性」に訴えかける修辞的なテクニックも有効です。

　例文の**a million times**（何百万回も）は、実際にそんなに多いはずはないのですが、このように言うことで、それが「日常的な出来事」であることを示しています。また、**jungle**（ジャングル）も一種の誇張表現で、ここでは「食うか食われるかの生存競争の場」の意味で使われています。このように「誇張」には、数量的なもの以外に質的、形状的なものもあります。

感情に訴えかける誇張表現　🔊 TRACK 46

- ☐ **It takes me forever to decide what to wear.**
  （何を着るか決めるのに永遠に［果てしなく長い］時間がかかる）

- ☐ **I've seen the movie a thousand times.**
  （その映画は千回［何度も］見た）

- ☐ **School uniform costs an arm and a leg.**
  （学校の制服は高過ぎる）

- ☐ **Some people can't live without smoking.**
  （タバコを吸わないと生きていけない人もいる）

- ☐ **It's as easy as ABC.**
  （それは非常に簡単だ）

- ☐ **I look at my phone a million times a day.**
  （私は一日に100万回［何度も］スマホを見る）

- ☐ **Reducing food wastage is the easiest thing in the world.**
  （食物廃棄を減らすなんて世界一簡単なことだ）

「違う立場」をとる

　「優先席」そのものには賛成しながらも、現状の問題点を挙げ、その解決策を提示することで「優先席に賛成」の立場を擁護します。

I do believe priority seats are necessary on public transport.
（公共の乗り物に優先席は必要であると思います）

A lot of people are in need of them.
（多くの人たちがそれを必要としています）

The handicapped, the elderly, pregnant women, to name a few.
（いくつか挙げるだけでも、体の不自由な人、高齢者、妊婦さんなどです）

The problem we have now with priority seats is that people who don't need them sit on them and don't give up their seat to those who actually do need them.
（現状の問題は、それが必要ではない人たちがそこに座り、本当に必要な人たちに譲ろうとしないことです）

One solution I'd suggest is that the seats are made more distinct.
（私が提案したい解決策のひとつは、その席をもっとはっきりと目立たせることです）

Then people would feel ashamed of sitting there when they don't need to.
（そうすれば、必要もないのにそこに座ることを恥じるようになるでしょう）

文の構造はこうなっている

意見 優先席には反対である。

理由 誰も譲ろうとしない。であれば、意味はない。
　　　例：妊婦さんが立っているのに若い会社員が座っているのを、
　　　　　数え切れないほど見てきた。気づきさえしない。
　　　誇張：食うか食われるかのジャングルみたいだ。

結論 必要とする人の予約席を設けた方がいい。

24 | 日本が貧しい国に すべきこと

 英文 TRACK 47

What should Japan do to help poor countries?

There are many things that Japan should do to help poor countries. My idea is that Japan should help build schools in poor countries.

How can we reduce poverty? **Education, education, education.** We should support children to go to school, gain knowledge and learn new skills.

Thanks to education, countries can become richer, wiser and better. As a result, the world can improve together.

Words and Phrases

☐ **help**　〜を助ける、支援する
☐ **poor country**　貧しい国、貧困国
☐ **reduce**　〜を減らす、減少させる
☐ **poverty**　貧困、貧乏
☐ **education**　教育
☐ **support**　〜を支援する、援助する
☐ **gain**　〜を得る、獲得する

☐ **knowledge**　知識、学問
☐ **learn**　〜を学ぶ、習得する
☐ **skill**　技能、技術
☐ **rich**　金持ちの、豊かな
☐ **wise**　賢い、知恵がある
☐ **better**　より良い、より優れた
☐ **improve**　改善される、良くなる

What Japan Should Do To Help Poor Countries

日本語訳

貧しい国々を助けるために日本は何をすべきですか。

　日本が貧しい国々を助けるためにすべきことはたくさんあります。私の考えでは、日本は貧しい国に学校を建設する援助を行うべきです。

　どうすれば私たちは貧困を減らすことができるでしょうか。一に教育、二に教育、三に教育です。子どもたちが学校に通い、知識を得て、新しい技能を学ぶために、私たちは支援すべきです。

　教育のおかげで、国々はより豊かに、賢く、良くなることができます。その結果、世界はともに改善されるのです。

使える機能表現

□ **should ...** （…すべきである）**義務**
□ **My idea is that** （私の考えは〜です）**意見**
□ **Thanks to** （〜のおかげで）**理由・原因**
□ **As a result,** （その結果）**結果**

スキル 24 「3」の法則

Education, education, education ...

解説

3という数字には不思議な力が潜（ひそ）んでいます。簡潔さやリズム感の点において、他の数字よりも印象に残りやすく、例えば「理由は2つあります」と言うより「3つあります」の方が安定感が増すように感じられます。

例文では「教育、教育、教育だ」と、同じ単語が3回繰り返されていますが、これはイギリスのトニー・ブレア元首相が選挙戦のスピーチで使ったことで有名なフレーズです。「繰り返し」の変形では、アメリカのリンカーン大統領による有名な **government of the people, by the people, for the people**（人民の、人民による、人民のための政治）は聞いたことがある人も多いでしょう。

「3の法則」を使った表現　　🔊 TRACK 48

- ☐ **In this way, Japan can become a bigger, better, stronger country.**
  （このようにして日本はさらに大きな、良い、強い国家となることができるのです）

- ☐ **This really shows the good, the bad, and the ugly side of government.**
  （これがまさに政府の良い面、悪い面と醜い面を示しています）

- ☐ **Shops have been closed, jobs lost, and lives disrupted.**
  （店はシャッターを下ろし、職は失われ、生活は混乱した）

- ☐ **It's important to have a balance between work, rest and play.**
  （仕事、休息、遊びのバランスを取ることが大切です）

- ☐ **Stopping whaling will take time, effort and money.**
  （捕鯨をやめるには時間、労力と金を要するだろう）

「違う立場」をとる

　途上国への援助には「金銭的援助」以外に「技術援助」や「教育」などさまざまな方法があります。その例を挙げて「自助（self-help）」の概念につなげることができれば、立派な意見になります。

Many people think of donating money when thinking about helping poor countries.
（貧しい国を助けるのに、多くの人が金銭の寄付を考えます）

I don't think it's the best way.
（私には、それが最善の方法とは思えません）

Money can help them only once. We should empower them to help themselves.
（お金は一度しか彼らを助けられません。彼らが自助できるように力を与えるべきです）

For example, technological support will go a long way in lifting them out of poverty.
（例えば、技術的援助は彼らを貧困から脱け出させるのに大いに役立つでしょう）

It is important for us to help them in such a way that they can help themselves.
（彼らが自助できるような方法で援助することが大切です）

 文の構造はこうなっている

主張 貧しい国のために学校を作るべき。

目的 教育 —— 説明：子どもが学校へ行き、知識と技術を習得するように。

結果 世界がともに改善される。

25 | ペットショップの是非

Are you for or against pet stores?

I am on the fence about pet stores.

We bought my family dog from a pet store, and well, he's a healthy and happy animal.

Of course, some pet stores mistreat animals. I mean, they put them in small cages, don't feed them properly and sell them to anyone for a price.

So, I guess it really depends on the pet store. It's up to people to do the research, you know.

Words and Phrases

- □ **for or against**　賛成か反対か
- □ **pet**　ペット、愛玩動物
- □ **on the fence**　中立の立場で、決めかねて
- □ **healthy**　健康な、元気な
- □ **of course**　もちろん、確かに
- □ **mistreat**　〜を虐待する
- □ **cage**　おり、ケージ

- □ **feed**　〜に食物を与える
- □ **properly**　きちんと、適切に
- □ **for a price**　高い値段で
- □ **depend on**　〜次第である
- □ **up to**　〜の義務で
- □ **do research**　調べる、調査する

Pros and Cons of Pet Stores

日本語訳

ペットショップに賛成ですか、それとも反対ですか。

私はペットショップに関しては中立の立場です。

わが家の犬はペットショップで買いましたが、ええと、彼は元気で幸せな生き物です。

確かに、動物を虐待するペットショップもあります。どういう意味かと言うと、彼らは動物を狭いケージに押し込め、ちゃんとエサをやらずに、高い値段で誰にでも売ってしまいます。

ですから、本当にペットショップ次第だと思います。人々はそれを調べるべきですよね。

使える機能表現

☐ I am on the fence about　（〜について中立の立場です）**中立**

☐ Of course,　（もちろん）**当然**

☐ I guess　（推測する、思う）**推測**

スキル 25 | つなぎ言葉を使う
So, I guess ...

解説

　話の途中に間をとりたいときや、次に話す内容を考える時間がほしいときなどには、ただ沈黙するのではなく、**so, well, you know, I mean** などの「つなぎ言葉」を使うと便利です。いずれも決まった日本語訳はないのですが、**so, well** や **you know** は「ところで」とか「それで」のようなニュアンス、**I mean** は「つまり」のような意味合いです。

　書き言葉での使用や、試験のようなあらたまった場では、明確な意図なしに使うことは避けるべきですが、会話で次の言葉を考えて黙ってしまうよりはずっといいでしょう。

「つなぎ言葉を使う」表現　　🔊 TRACK 50

☐ **So,** 「ですから」
So, I guess it really depends on the pet store.
（ですから、本当にペットショップ次第だと思います）

☐ **Well,** 「ええと、それで」
Well, that's not the case in my school, we always have to do club activities.
（ええと、それは私の学校の場合は違います。いつも部活動をしなければならないので）

☐ **I mean,** 「つまり」
I mean, it's not difficult to exercise so why do so many people avoid it?
（つまり、運動するのは難しくないのに、なぜこれほど多くの人がそれをしないのかということです）

☐ **you know,** 「何しろ…だから、ほら」
We're under so much pressure to study, you know.
（私たちにはとにかく勉強しろという大きなプレッシャーがかかっているんですよ）

「違う立場」をとる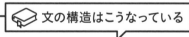

　「ペットショップがなくなったら、動物を飼いたい人はどうすればいいのか」
という疑問を出発点に、ペットショップに賛成の立場をとってみましょう。

Basically, I'm in favor of pet stores.
（基本的には、私はペットショップ賛成派です）

Without pet stores, we'd have to take in a stray dog or get a puppy from another pet owner.
（もしペットショップがなければ、私たちは野良犬を拾うか、他のペットオーナーから子犬をもらわなければなりません）

Besides, animals in pet stores are taken good care of.
（それに、ペットショップの動物たちは、とても良く世話をされています）

Some people feel sorry for animals that are kept in small cages.
（狭いケージに閉じ込められている動物をかわいそうに思う人もいます）

Well, I have a suggestion for them.
（ならば、そのような人たちに提案があります）

Go and buy one in the store and free them from the cage yourself.
（お店で一匹買い求め、自分でケージから出してあげてください）

📖 文の構造はこうなっている

意見 どちらとも言えない。

⬇

肯定的見解 うちも犬を購入したが、健康で可愛い犬である。

⬇

否定的見解 動物を虐待する店もある。
例：狭いケージ、ちゃんとエサをあげない、値がつきさえすればいい

⬇

結論 店による。── 自分の目で確かめるしかない。

26 | 大学進学の必然性

 英文

 TRACK 51

Should all students go to college?

My honest opinion is that not all students should go to college. Higher education is not for everyone.

Steve Jobs, who was the founder of Apple, dropped out of college. **He famously said**: "Your time is limited, so don't waste it living someone else's life."

I think you can have a successful life with or without going to college. It really depends on the individual.

Words and Phrases

☐ **college** （単科）大学、専門学校
☐ **higher education** 高等教育
☐ **for everyone** 万人向けの
☐ **founder** 創設者、設立者
☐ **drop out** 中退する、退学する
☐ **limited** 限られた、有限の

☐ **waste** 〜を浪費する、無駄にする
☐ **live someone else's life**
　　他人の人生を生きる
☐ **successful** 成功した
☐ **depend on** 〜次第だ
☐ **individual** 個人

Necessity of Going to College

日本語訳

すべての生徒が大学に行くべきでしょうか。

　私の率直な意見としては、すべての生徒が大学に行くべきだとは思いません。高等教育は万人向けではありません。

　アップル社を創設したスティーブ・ジョブズ氏は、大学を中退しています。彼がこう述べたのは有名です。「人生には限りがある。だから、他人の人生を生きてそれを無駄にするな」

　私は、大学に行こうが行くまいが、人生を成功させることはできると思います。それは本当にその人次第なのです。

使える機能表現

□ **My honest opinion is that** （私の率直な意見は〜だ）意見
□ **I think (that)** （〜と思います）意見
□ **with or without** （〜の有無にかかわらず）条件

スキル 26 他人の言葉を引用する
He famously said ...

解説

　著名人の言葉や名言・格言・ことわざを「引用」することで、自分が単に主観を述べているのではなく、それには客観的な裏づけがあることを示すことができます。日頃からネットの記事などを読むときにもアンテナを張りめぐらせて、気に入った言葉やことわざなどを仕入れておくといいでしょう。

「他人の言葉を引用する」表現　　　🔊 TRACK 52

☐ **According to** 「〜によれば」
According to an economic expert, the deficit in Japan's national budget will continue to increase.
(ある経済専門家によると、日本の国家予算の赤字は増え続けるとのことです)

☐ **As (someone) says ...** 「(人) が述べているとおり」
As the former U.S. President Obama says, "Your voice can change the world."
(アメリカのオバマ前大統領が述べているとおり、「あなたの声が世界を変えるのです」)

☐ **I'll quote (someone) as saying ...** 「(人) の言葉を引用します」
I'll quote Mother Teresa as saying, "Peace begins with a smile."
(「平和は微笑みから始まる」というマザー・テレサの言葉を引用したいと思います)
☝ As (someone) saysよりもフォーマルで硬い印象。

☐ **He famously said ...** 「彼が…と言ったのは有名な話です」
He famously said: "Your time is limited, so don't waste it living someone else's life."
(彼が「人生には限りがある。だから、他人の人生を生きてそれを無駄にするな」と述べたのは有名な話です)

☐ **As the proverb goes [says],** 「ことわざにもあるとおり」
As the proverb goes, "It's no use crying over spilt milk."
(ことわざにもあるとおり、「覆水盆に返らず」です)

「違う立場」をとる

すべての学生（all students）という点が引っかかる人もいるかもしれませんが、ここは難しく考え過ぎずに、大学を中心とした高等教育について、自由な発想で利点を述べてください。

I believe that higher education is for everyone.
（高等教育は皆のためのものだと私は思います）

For one thing, we can gain greater knowledge and learn advanced skills.
（ひとつには、より深い知識や高度なスキルを身につけることができます）

Also, we can associate with students who come from different backgrounds and have different ways of thinking.
（また、育ちや考え方の異なる学生たちと交わることができます）

These experiences at college enable us to think more about our own future and make it much easier to find a job that's right for us.
（そうした大学での経験によって、自分の将来についてもっと考え、自分に合った仕事をずっと容易に見つけられるようになります）

📖 文の構造はこうなっている

主張 すべての人が大学に行くべきとは思わない。
　　　補足：高等教育は万人向けではない。

⬇

事例 スティーブ・ジョブズは大学を退学している。
　　　引用：「他人と同じように」は時間の無駄である。

⬇

結論 大学に行こうが行くまいが、人生は成功できる。

27 地球温暖化

Should people be worried about global warming?

Absolutely.

Statistics show that the earth's temperature has risen about 1. 62 degrees Fahrenheit due to human activity. Also, 2016 was the warmest year on record. The numbers prove that our planet is getting hotter and hotter.

If this continues, we will experience heat waves, wildfires and higher sea levels. Many animals might die.

If you ask me, people should be very worried about global warming.

Words and Phrases

- ☐ **worried about** （〜を）心配して
- ☐ **global warming** 地球温暖化
- ☐ **statistics** 統計
- ☐ **the earth** 地球
- ☐ **temperature** 気温、温度
- ☐ **degrees Fahrenheit** カ氏温度
- ☐ **human activity** 人間の活動

- ☐ **on record** 記録された
- ☐ **prove** 〜を証明する
- ☐ **planet** 惑星
- ☐ **experience** 〜を経験する、体験する
- ☐ **heat wave** 熱波、酷暑
- ☐ **wildfire** 山火事、野火
- ☐ **sea level** 海水面

Global Warming

人間は地球温暖化を心配するべきですか。

間違いなく（すべきです）。

統計が示しているのは、人間の活動が原因で地球の気温がおよそ力氏 1.62 度上昇したということです。また、2016 年は記録上、最も暖かい年でした。この数字は、私たちの惑星がますます暑くなっていることを証明しています。

このまま行けば、私たちは熱波や山火事、海面水位の上昇を経験するでしょう。多くの動物が死んでしまう可能性があります。

私に言わせれば、人々は地球温暖化についてかなり心配すべきです。

使える機能表現

- ☐ **Absolutely.** （まったくその通り）確信
- ☐ **due to** （～が原因で）理由・原因
- ☐ **Also,** （また、その上）付加
- ☐ **If this continues,** （もしこれが続けば）仮定
- ☐ **might ...** （…かもしれない）推測
- ☐ **If you ask me,** （私に言わせれば）意見

スキル 27 | 統計でサポートする
Statistics show that ...

解説

　意見に客観性を持たせるもう一つの方法が、「統計や数値の引用」です。

　数値の正確さが問われているわけではないので、The earth's temperature has risen more than 1 degree.（地球の気温は1度以上上昇した）、The earth's temperature has been continuing to rise.（地球の気温は上昇し続けている）程度でも構いません。**Global warming is statistically true.**（地球温暖化は統計的に真実だ）と、決めゼリフのように言ってしまうのも手です。

「統計で意見をサポートする」表現　　🔊 TRACK 54

☐ **It is statistically true that** 「統計的に事実である」
It is statistically true that Japan's society is rapidly aging.
（日本社会が急激に高齢化しているのは統計的に事実です）

☐ **Statistically,** 「統計上」
Statistically, Japan is an aging society.
（統計上、日本は高齢化社会です）

☐ **Statistics show that** 「統計が〜を示している」
Statistics show that the earth's temperature has risen about 1.62 degrees Fahrenheit due to human activity.
（人間の活動が原因で地球の気温がおよそカ氏1.62度上昇したことを統計が示しています）

☐ **According to the best estimate of**
「〜の最も正確な推定によると」
According to the best estimate of the United Nations, the world population will increase by 15 percent in the next 10 years.
（国連の最も正確な推定によると、世界人口は今後10年間で15パーセント増加します）

あなたの
グローバル英語力を測定

新時代のオンラインテスト
2021年7月スタート!

CNN GLENTS

CNN英語検定(旧名)から、新時代の
オンラインテストCNN GLENTSが誕生!
CNNの生きた英語を使った新しい英
力測定テストがいよいよ始まります!
詳しくはCNN GLENTSホームページを
ご覧ください。

https://www.asahipress.
com/special/glents

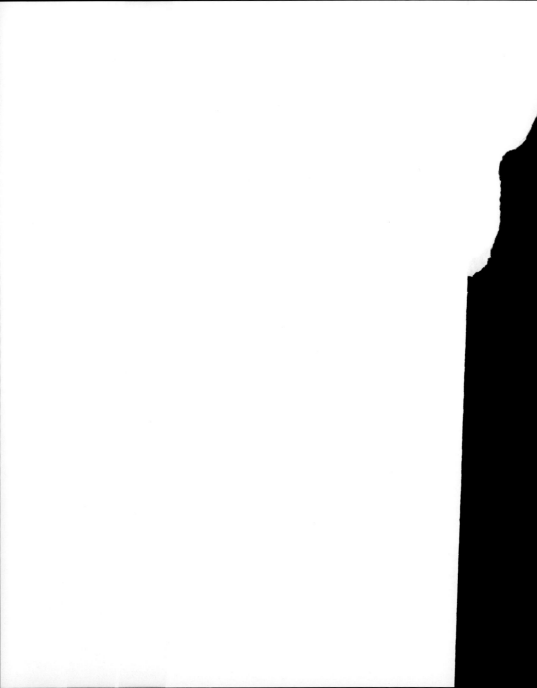

☐ **The numbers prove that**
「〜であることを数字が証明している」
The numbers prove that plane travel is linked to rising sea levels.
（航空機での移動が海水面の上昇につながっていることは数字が証明しています）

「違う立場」をとる

　地球温暖化のようなテーマでは「心配には及びません」とは言いにくいかもしれませんが、反対の立場をとる練習をすることで、言葉に対する感性や批判的な思考能力を養うことができます。

Our government is worried and has taken measures against global warming.
（政府は地球温暖化を心配し、すでにいろいろな施策を講じています）

Worrying may be unavoidable, but it won't solve the problem.
（心配は避けられないかもしれませんが、それで問題が解決するわけではありません）

It is more important for us to act against global warming according to the guidelines published by our government.
（私たちにとってより重要なのは、政府が公表した指針に従って、温暖化防止のために行動することです）

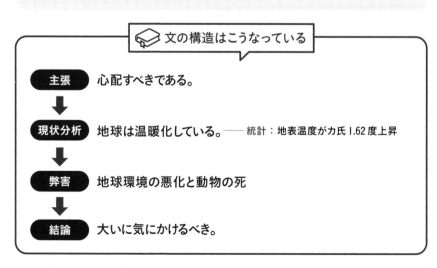

文の構造はこうなっている

主張 　心配すべきである。

現状分析 　地球は温暖化している。—— 統計：地表温度がカ氏 1.62 度上昇

弊害 　地球環境の悪化と動物の死

結論 　大いに気にかけるべき。

28 | 原発存続の是非

 英文　　　　　　　　　　　　　　　 TRACK 55

Japan should stop using nuclear power altogether. Do you agree?

I do not agree with this statement.

After the Fukushima nuclear disaster in 2011, surveys showed that many people were scared of nuclear power.

However, **most experts agree that** nuclear power is safe. Recently, I read somewhere that nuclear power plants produce less pollution than fossil fuels and even some renewable energies. Using nuclear power is better for the environment. Nuclear power is also cheaper than other sources of energy.

Words and Phrases

☐ **nuclear**　原子力の
☐ **altogether**　完全に、まったく
☐ **statement**　意見、主張
☐ **disaster**　大惨事、災害
☐ **survey**　（世論）調査
☐ **scared of**　〜を怖がって
☐ **expert**　専門家
☐ **power plant**　発電所

☐ **produce**　〜を生み出す、生じさせる
☐ **pollution**　汚染（物質）、公害
☐ **fossil fuel**　化石燃料
☐ **renewable energy**　再生可能エネルギー
☐ **environment**　（自然）環境
☐ **cheap**　（値段が）安い
☐ **source**　供給源、源

Japan Using Nuclear Power

日本語訳

日本は原子力の使用を完全にやめるべき。
そのことにあなたは賛成しますか。

私はその意見には賛成しません。

2011 年の福島原発事故の後、多くの人が原子力を恐れていたことを世論調査が示していました。

しかしながら、ほとんどの専門家が原子力は安全だと認めています。最近、どこかで読んだのですが、原子力発電所が排出する汚染物質は、化石燃料はおろか、一部の再生可能エネルギーよりも少ないそうです。原子力を使用した方が、環境に良いのです。原子力はまた、他のエネルギー資源よりも安上がりです。

使える機能表現

☐ **I do not agree with** （私は〜には同意しません）**賛否**

☐ **However,** （しかしながら）**逆接**

☐ **Recently,** （最近）**時間**

スキル 28 | 客観的な根拠を示す
Most experts agree that ...

解説

　新聞記事などから専門家の見解を引用したり、世論調査の結果を引き合いに出したりすることで、自分の主張を裏づけます。**experts**（専門家）や**I read ...**（読みました）などを使うことによって、客観的な印象が高まります。内容の正確さが問われるわけではないため、うろ覚えの内容であっても、自信をもってアピールするように心がけましょう。

「客観的な根拠を示す」表現　　🔊 TRACK 56

☐ **An expert stated recently that**
「最近、専門家が〜と述べた」

An expert stated recently that children who eat breakfast regularly are more likely to get higher grades in school than those who do not.
（最近、ある専門家が述べたところによると、規則正しく朝食をとる子どもの方が、そうでない子どもより学校の成績が良い傾向にあります）

☐ **According to an article I read recently,**
「最近読んだ記事によると」

According to an article I read recently, the arrest rate of violent crimes is rising.
（最近読んだ記事によると、凶悪犯罪の検挙率は上昇しています）

☐ **A survey revealed that**　「調査は〜を明らかにした」

A 2019 survey revealed that most people are against whaling.
（2019年の調査は、ほとんどの人が捕鯨に反対していることを明らかにしています）

☐ **A recent opinion poll showed that**
「最近の世論調査は〜を示している」

A recent opinion poll showed that people feel their lives are worse off after moving to the city.
（最近の世論調査は、人々が都市に移り住んでから暮らしにくくなっていると感じていることを示している）

「違う立場」をとる

　原子力発電のように、人命に関わるテーマでは、「エネルギー効率や利便性」と「人」を天秤にかけ、徹底的に「人」重視の立場で感情に訴えかけるのも一つの方法です。

Yes, I agree with this statement.
（はい、この意見に同意します）

I'm firmly convinced that human lives are far more important than efficiency and convenience.
（私は効率や利便性より人命の方がはるかに重いと確信しています）

If an accident should occur, people would suffer from radiation poisoning.
（もし事故が起これば、人々は放射能の被害に苦しみます）

Many people have to leave their homes and can never go back.
（多くの人々が自宅を離れることを余儀なくされ、二度と戻れなくなります）

We must all be concerned about the pain and suffering felt by victims of a nuclear accident.
（原発事故の被害者が経験した苦労や苦痛を、誰もが心配しなければなりません）

📖 文の構造はこうなっている

 主張 この主張には賛成ではない。

 現状：2011年の原発事故後、人々に恐怖心が生じている。

 理由 ①原発は安全である。（専門家意見）
②原発はクリーンである。（記事）
③原発は経済的である。

29 | 英語を学び始める時期

 英文 TRACK 57

Should children start to learn English from the first year of elementary school?

I am definitely in favor of learning English from a young age. The earlier the better!

The fact is English is the world's common language.

In addition, learning a second language improves brain function. It is proven that bilingual children are better at problem solving. **Actually, there was an example where** bilingual children and monolingual children took a test. The bilingual children got a higher score.

Words and Phrases

- [ ] **learn** 〜を学ぶ、習得する
- [ ] **elementary school** 小学校
- [ ] **definitely** 間違いなく、断然
- [ ] **in favor of** 〜に賛成して
- [ ] **common language** 共通語
- [ ] **second language** 第二言語
- [ ] **improve** 〜を向上させる
- [ ] **brain function** 脳機能
- [ ] **prove** 〜を証明する
- [ ] **bilingual** 2カ国語を話す
- [ ] **problem solving** 問題解決
- [ ] **monolingual** 1カ国語しか話さない
- [ ] **take a test** テストを受ける
- [ ] **get a score** 点数を取る

When Children Should Start Learning English

日本語訳

子どもは小学校 1 年生から英語を学び始めるべきですか。

　私は、幼少の頃から英語を学ぶことに間違いなく賛成です。早いに越したことはありません！

　事実として、英語は世界の共通言語です。

　さらに、第二言語を学ぶことは脳の機能を向上させます。2 カ国語を話す子どもたちの方が問題解決に長けていることが証明されています。実際に、2 カ国語を話す子どもたちと 1 カ国語しか話さない子どもたちがテストを受けた例がありました。2 カ国語を話す子たちの方が高い点数を取りました。

使える機能表現

- [ ] **I am (definitely) in favor of**　（［間違いなく］〜に賛成します）**賛否**
- [ ] **The fact is ...**　（実際のところ…だ）**事実**
- [ ] **In addition,**　（加えて）**付加**
- [ ] **It is proven that**　（〜であると証明されている）**事実**
- [ ] **Actually,**　（現に、実際に）**事実**

スキル 29 実例でサポートする
Actually, there was an example where ...

解説

　事実や実例なども、主張をサポートする有力な根拠となります。「主張」→「理由」→「理由の根拠となる裏づけ」という流れが、説得力ある主張の王道です。**Actually, there was an example where**（実際に〜という例がありました）などは、その典型表現です。この場合の **where** は in which を意味する関係詞で、「場合」や「状況」について用いられます。ひとかたまりの表現として一気に覚えてしまいましょう。

「実例でサポートする」表現　🔊 TRACK 58

☐ **Examples have shown ...**
「実例が示している」
Examples have shown that bilingual children do better in math exams in general.
（一般にバイリンガルの子どもたちの方が数学のテストの出来がいいことを実例が示しています）

☐ **This is supported by the fact that**
「これは〜という事実によって裏づけられている」
This (opinion of mine) is supported by the fact that those good at English do better in other subjects as well.
（これ［私の意見］は、英語が得意な人は他の科目でも出来がいいという事実によって裏づけられます）

☐ **Actually, there was an example where [of]**
「現実に〜という例があった」
Actually, there was an example of bilingual students getting higher scores academically.
（現実に、バイリンガルの生徒たちの方が学業成績がいいという例がありました）

「違う立場」をとる

「教える側」と「教わる側」の両方の視点から意見を展開して、反対の立場を考えてみましょう。

No, I don't think it is to the benefit of either students or teachers.
(いいえ、生徒、先生の双方にとって利益があるとは思えません)

On the teachers' side, not all of them are familiar with English.
(教員側については、すべての先生が英語になじみがあるわけではありません)

Talking about students, they don't have enough skill in their own language, let alone a foreign one.
(生徒たちについて言えば、外国語どころか母国語の力さえ十分にありません)

It is more important to develop skills in the Japanese language before they learn a foreign language.
(外国語を学ぶ以前に、日本語の力を発達させることの方が重要です)

📖 文の構造はこうなっている

主張 賛成。早ければ早いほど良い。

⬇

理由1 英語は世界共通語。

⬇

理由2 第二言語学習で脳機能が発達
論拠：バイリンガルの子どもは問題解決能力に秀でる。
事実による裏づけ：テスト結果が証明

127

30 | 男女の役割

 英文　　　　　　　　　　　　　　　　　　　　 **TRACK 59**

Men and women should play the same roles in society. Do you agree?

I wholeheartedly believe that men and women should play the same roles in society.

To use an example from my own life, when I was in elementary school, my mother worked while my father stayed at home. She earned money and he looked after us. Now, they are both working. We are a happy family, you know.

When it comes to playing a role in society, people should be able to choose. Gender does not matter.

Words and Phrases

- □ **play a role**　役割を果たす
- □ **society**　社会、世の中
- □ **wholeheartedly**　心の底から
- □ **elementary school**　小学校
- □ **while**　〜する間に
- □ **earn money**　お金を稼ぐ
- □ **look after**　〜の世話をする、面倒を見る
- □ **you know**　もちろん
- □ **when it comes to**　〜に関して言えば
- □ **gender**　性別、ジェンダー
- □ **not matter**　問題にならない

Gender and One's Social Roles

男女は社会で同じ役割を果たすべきである。
そのことに賛成ですか。

私は男女が社会で同じ役割を果たすべきだと心の底から信じています。

私自身の生活の例を挙げますと、私が小学生の頃、母が働いている間、父が家にいました。母がお金を稼ぎ、父が私たちの面倒を見てくれました。今では2人とも働いています。もちろん、私たちは幸せな家族です。

社会で果たす役割に関して言えば、人はそれを選べるべきです。性別は問題ではありません。

使える機能表現

- ☐ I wholeheartedly believe that （〜であると心から信じます）確信
- ☐ should ... （…すべきである）義務
- ☐ when A, B. （Aのとき、Bだった）時間
- ☐ Now, （今では）時間

スキル 30 実体験に引き寄せる
To use an example from my own life...

解説

　普段、あまり考えたことのないテーマの場合には、自分に引き寄せて考えることで答えやすくなります。実際に体験したことは気持ちをこめやすく、メッセージの説得力が増します。ただし、個人の経験にとどめるのではなく、「男女ともに高学歴化している」とか「女性の強みを生かせる分野も多い」など、社会全体の話にまで広げて意見を展開するのが望ましいでしょう。

「実体験に引き寄せる」表現　　TRACK 60

- [ ] **In my life,** 「私の人生において」
  In my life, reading has always played a great role.
  (私の人生で読書は常に大きな役割を果たしてきました)

- [ ] **Actually, in the case of myself**
  「実際に私自身の場合は」
  Actually, in the case of myself, advice from my high-school English teacher counts for a lot.
  (実際に私自身の場合は、高校の英語の先生のアドバイスが大きく影響しています)

- [ ] **Many of my friends ...** 「友人の多くが」
  Many of my friends were learning English before they started elementary school.
  (友人の多くが小学校入学前に英語を学んでいました)

- [ ] **To use an example from my own life,**
  「私自身の生活の例を挙げると」
  To use an example from my own life, when I was in elementary school, my mother worked while my father stayed at home.
  (私自身の生活の例を挙げると、小学生の頃は母が働いている間、父が家にいました)

「違う立場」をとる

　スピーキング試験は英語力を見るためのものですから、自分の考えを自由に述べて構いません。ただし、差別的な発言や、あまりに極端な意見は避けた方がいいでしょう。

If "society" means every aspect of our lives, I don't think men and women should play the same roles in society.
(「社会」が私たちの生活のすべての面を意味するのであれば、男女が同じ役割を果たすべきだとは思いません)

It goes without saying that men and women are biologically different.
(男女が生物学的に異なることは言うまでもありません)

There are things that women can do that men cannot, and vice versa.
(女性にはできて男性にはできないことがあり、またその逆もあります)

Childbirth is a typical example.
(出産がその代表例です)

Both men and women should respect each other, doing their best, whether at home or at work.
(男女がお互いを尊重し、家庭でも職場でも全力を尽くすべきです)

 文の構造はこうなっている

主張 男女は同じ役割を果たすべき。

理由 自分の体験がそれを証明している。
説明：小学生の頃は母が働き、父が自分たちの世話をした。
今は2人とも働いている。
私たちは幸せに暮らしている。

結論 社会的役割は個人が選ぶべきで、性別は関係ない。

31 | 在宅勤務の是非

 英文　　　　　　　　　　　　　　　 TRACK 61

Recently, more and more companies are letting their employees work from home. What do you think about this?

In the past, the idea of working from home in Japan was unheard of. Japanese salarymen used to spend all their time at the office, often staying until the last train home.

Thanks to technology, this has changed in recent times. I think this is a good thing. Offices are noisy and busy. Working from home makes people less stressed and more productive.

I think people should be able to work from home at least one day a week.

Words and Phrases

- ☐ **recently** 最近、近年
- ☐ **more and more** ますます
- ☐ **let** 〜することを許可する
- ☐ **employee** 従業員
- ☐ **work from home** 在宅勤務をする
- ☐ **idea of** 〜という考え方
- ☐ **unheard of** 前例のない

- ☐ **the last train** 終電、最終列車
- ☐ **technology** 科学技術、テクノロジー
- ☐ **noisy** 騒々しい、うるさい
- ☐ **busy** にぎやかな、忙しい
- ☐ **stressed** ストレスを受ける
- ☐ **productive** 生産的な
- ☐ **at least** 少なくとも

Employees Working from Home

日本語訳

**最近、従業員の在宅勤務を認める会社が増えています。
あなたはこのことについてどう思いますか。**

　かつて日本には、在宅勤務という考え方はありませんでした。日本のサラリーマンはすべての時間を会社で過ごし、よく終電まで残っていました。

　科学技術のおかげで、近年はこれが変わってきました。これは良いことだと思います。オフィスはうるさく、にぎやかです。在宅勤務は人々のストレスを減らし、生産性を上げてくれます。

　私は、少なくとも週に１日は人々が在宅勤務をできるようにすべきだと思います。

使える機能表現

☐ **thanks to** （〜のおかげで）理由・原因
☐ **in recent times** （近年は）時間
☐ **I think (that)** （〜だと思います）意見
☐ **... is a good thing.** （…は良いことである）善悪

スキル 31 過去に言及する 〈時系列で整理〉
In the past ...

解説

　文章を構成する方法の一つに、「過去→現在→未来」という流れで考える「時系列的思考法」があります。これは発信者の頭の中が整理されやすく、受信者にとっても、話の流れがスムーズで理解しやすくなります。

　社会で生じている変化について意見を求められたときには、この時系列の発想で「過去」に焦点を当てることで、最近の変化の善し悪しについて、結論を導き出しやすくなります。

「過去に言及する」表現　　🔊 TRACK 62

☐ **used to / would ...**　「〜したものである」
Japanese salarymen used to spend all their time at the office.
（日本のサラリーマンはすべての時間を会社で過ごしていました）

The government would not listen to the people.
（政府は国民の声を聞こうとしませんでした）

☐ **In the past,**　「過去に」
In the past, the idea of working from home in Japan was unheard of.
（かつて、日本には在宅勤務という考え方はありませんでした）

☐ **A long time ago,**　「ずっと前に」
A long time ago, it was unimaginable for company employees to work from home.
（ずっと前には、企業の従業員にとって在宅勤務なんて想像できませんでした）

☐ **a few years ago**　「数年前に」
There came a drastic change a few years ago.
（数年前に急激な変化が訪れました）

☐ **decades ago**　「数十年前に」
This disease was considered incurable decades ago.
（数十年前、この病気は不治の病と考えられていました）

☐ **in the time of** 「～の時代に」
In the time of imperialism, freedom of thought was severely restricted.
（帝国主義の時代には、思想の自由は厳しく規制されていました）

☐ **In the old days,** 「昔は」
In the old days, people seem to have been poorer but happier.
（昔はみんな今ほど裕福ではなくても、もっと幸せだったように思えます）

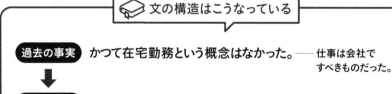

「違う立場」をとる

　例文は「最低でも週に1日は在宅勤務を」という立場をとっていますが、全面的な在宅勤務に対しては、次のように反対意見を展開することができます。

If employees are meant to work from home every single day, I am against the idea of working from home.
（もし社員が毎日在宅で働くという意味であれば、在宅勤務という考えには反対です）

Many tasks require face-to-face cooperation among employees.
（多くの仕事が社員の面と向かっての協力を必要とします）

Also, working alone at home all day long is not good for people's mental health.
（それに、一日中ひとりで家で仕事をすることは精神衛生上よくありません）

📖 文の構造はこうなっている

過去の事実　かつて在宅勤務という概念はなかった。—— 仕事は会社で
すべきものだった。

↓

変化　技術が変化をもたらしている。
評価：良いことである。
　理由：社内はうるさいため、在宅勤務の方がストレスなく、
　　　　生産性も上がる。

↓

結論　週に1日は在宅勤務ができるようにすべき。

32 | 日本の仕事中毒の文化

 英文

 TRACK 63

It is said that Japan has a culture of "overwork addiction." Do you agree?

I agree with this statement.

Currently, many Japanese people think that working longer hours means working harder even though this is not true. Still nowadays in some companies, employees are not allowed to leave the office before their boss. Many workers start at 8 am and stay until 10 or 11 pm. Recently, people have even died because of doing too much overtime.

How can this happen in today's Japan?

Words and Phrases

□ culture　文化、行動様式
□ overwork　働き過ぎ
□ addiction　中毒
□ statement　意見、主張
□ currently　現在は、目下
□ work long hours　長時間働く
□ work hard　仕事を頑張る

□ nowadays　今日（では）
□ employee　従業員
□ allowed　許可された
□ boss　上司
□ recently　最近は、近頃は
□ overtime　残業、時間外労働

Japan's Culture of Overwork Addiction

日本語訳

日本には「仕事中毒」の文化があると言われています。そのことに同意しますか。

私はこの意見に賛成です。

現在、多くの日本人は長い時間働くほど、仕事を頑張っていることになると考えています。それが真実でないにもかかわらず。いまだに一部の会社では、上司より先に従業員が帰宅することができません。働く人の多くが午前8時から仕事を始め、午後10時か11時まで残っています。最近では、働き過ぎのために亡くなる人まで出ています。

今日（こんにち）の日本でこのようなことが起こるなんて考えられません。

使える機能表現

- [ ] **I agree with** （〜に同意します）賛否
- [ ] **even though** （〜にもかかわらず）逆接
- [ ] **... is not true** （…は真実ではない）事実
- [ ] **because of** （〜のせいで）理由・原因

スキル 32 | 現状に言及する 〈時系列で整理〉
Currently, many Japanese people ...

 解説

「現在」に焦点を当てて事実を列挙することで、説得力を持たせます。**Currently...**（現在）で一般論を述べたあとに、**Still nowadays...**（いまだに）で具体的に説明し、**Recently...**（最近）以下で、具体例を挙げています。「一般論→具体化→具体例」という流れも、併せて学習しましょう。

「現状に言及する」表現　🔊 TRACK 64

☐ **today ...**　「今日（こんにち）…」
Young people today don't read as much as they used to.
（今日の若者は、以前ほど読書をしません）

☐ **(at) present**　「現在の（では）」
The present policy does not seem to be working to the benefit of the poor.
（現行の政策は貧しい人たちの利益になるように機能しているとは思えません）

☐ **current(ly)**　「現在の（では）」
The current trend is for college students to choose their jobs not by salary but by their own interests.
（最近の傾向は、大学生が給料ではなく自分の関心によって仕事を選ぶことです）
☞ current は元来「流れ」の意味で、present より一時的な印象が強まります。

☐ **lately / recently**　「最近」
Lately people tend to prioritize quality of life.
（人々は最近、生活の質を優先するようになってきています）
☞ 現在形や過去形のほか、現在完了形でもよく使われます。

☐ **these days / nowadays**　「近頃（は）」
These days it is difficult for a firm with a bad reputation to hire good workers.
（ここのところ、評判の悪い会社は良い人材を雇用することが難しくなっています）
☞ より最近のニュアンスが強く、過去形では使いません。

「違う立場」をとる

「個人の問題」に持ち込むのもひとつの方法です。「個人」、「社会」、「政府」など、さまざまな立場で考えてみましょう。

Overworking or not depends on the individual.
（働き過ぎかどうかは個人次第です）

Some people find joy in working hard, while some others may not.
（一生懸命働くことに喜びを見出す人もいれば、そうではない人もいます）

It seems to me that the idea of diversity in working style is starting to be widely recognized in our society.
（働き方の多様性という考え方が私たちの社会でも広く認知され始めているように思えます）

I do believe that no one is in the position to strongly assert that each and every Japanese person is working too hard.
（誰も、すべての日本人が働き過ぎであると強く主張する立場にはないと思います）

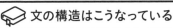

文の構造はこうなっている

主張 同意する。

↓

現状 日本人は長時間労働が良いことだと思っている。
具体化：上司より先に帰れないし、深夜まで働いている。
具体例：過労死する人までいる。

↓

結論 今日の日本で、このような事態はおかしい。

33 | 日本の人口危機

Japan is facing a population crisis. Do you agree?

Yes, this is a well-known fact. In Japan, the number of babies being born will keep declining. At the same time, the aging population will continue to skyrocket.

In the near future, healthcare services will not be able to cope with so many elderly people. Soon after, young people will have to pay very high social security costs.

It is a scary thought, but the economy might collapse entirely.

Words and Phrases

- [ ] **face** （困難などに）直面する
- [ ] **population crisis** 人口危機
- [ ] **decline** 減少する
- [ ] **aging population** 老年人口
- [ ] **skyrocket** 急増する
- [ ] **healthcare service** 医療サービス
- [ ] **cope with** 〜に対処する

- [ ] **elderly people** 高齢者、老人
- [ ] **social security cost** 社会保障費
- [ ] **scary** 恐ろしい
- [ ] **thought** 考え、見解
- [ ] **economy** 経済、財政
- [ ] **collapse** 崩壊する、破綻する
- [ ] **entirely** 完全に、まったく

Japan Facing a Population Crisis

日本は人口危機に直面しています。 それに同意しますか。

　はい、このことは周知の事実です。日本では、生まれてくる赤ちゃんの数は減少を続けるでしょう。その一方で、高齢者の人口は急速に増え続けるでしょう。

　近い将来、医療サービスはこれほど多くの高齢者に対処できなくなります。若い人たちは間もなく、非常に高額な社会保障費を支払わなくてはならなくなるでしょう。

　恐ろしい考えですが、経済が完全に破綻してしまうかもしれません。

使える機能表現

☐ **this is a well-known fact** （これはよく知られた事実である） 事実
☐ **at the same time** （その一方で、それと同時に） 並置
☐ **be able to** （〜できる） 可能
☐ **soon after** （その後すぐに） 時間
☐ **have to** （〜しなければならない） 義務
☐ **might ...** （…かもしれない） 推測

スキル 33 | 未来に言及する〈時系列で整理〉
In the near future ...

解説

このような「〜の危機に直面していると思うか」といった設問に対しては、現状の認識 ── この場合は「高齢化が進んでいること」をふまえて、予測される将来の問題を挙げることで論拠を示します。

In the near future（近い将来に）など未来に言及する表現を使って、将来の問題点を明確にしましょう。

「未来に言及する」表現　　 TRACK 66

☐ **In the (near) future,** 「（近い）将来」
In the future, the gap between the rich and the poor will be far greater than now.
（将来、貧富の差は今よりもはるかに大きくなるだろう）

☐ **will ... / be going to** 「…だろう」
The number of law schools will decrease in Japan.
（日本では法科大学院の数は減少するだろう）

The government is going to handle the problem by raising taxes.
（政府は増税によってその問題に対処するだろう）

☞ will が高い可能性や主語の意志を表すのに対して、be going to には近い未来に実現するはずだ、というニュアンスが含まれます。

☐ **should ...** 「…のはずだ」
There should be something more we can do to protect animals in danger of extinction.
（絶滅の危機にある動物たちを守るために、私たちにできることはもっとあるはずです）

☐ **might ...** 「…かもしれない」
A disaster more serious than before might happen someday.
（以前よりも深刻な惨事がいつか起きるかもしれない）

☞ 推測の強さは、will（…だろう）→ should（…のはずだ）→ might（…かもしれない）の順に弱まります。

「違う立場」をとる

　こうしたテーマでは、楽観的な一般論で片付けてしまえる場合もあります。戦後日本の復興や大震災から立ち直った例を挙げて、最後に自信たっぷりに結ぶことができれば、たとえ一般論であっても、自分の考えはしっかり伝わるはずです。

If the population crisis means a decrease in population, then yes, I can agree.

（人口危機が人口の減少を意味するのであれば、同意できます）

But if it refers to the socio-economic crisis, then things are different.

（ただし、それが社会経済的危機ということであれば話は別です）

Japan recovered from its defeat in World War Two and has overcome natural disasters such as big earthquakes.

（日本は第二次世界大戦の敗北から復興し、大地震などの自然災害も克服してきました）

I believe in the wisdom of the government and the people of Japan.

（私は日本人と日本政府の英知を信じています）

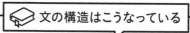
文の構造はこうなっている

主張 人口危機は事実である。——┬─ 理由① 出生率の低下
　　　　　　　　　　　　　　　└─ 理由② 老齢人口の増加

弊害 社会保障制度の危機 —— 若者の負担増大

結論 経済破綻の可能性

34 | 日本の難民の受け入れ

Are you for or against Japan accepting refugees?

I am against Japan accepting refugees for now.

Currently, Japan is facing a population crisis. The aging population is a serious threat to the Japanese economy.

The problem with accepting refugees is that they add an extra burden to the economy, especially in the beginning before they can start to work. For example, refugees first need healthcare, a house, clothes, and so on.

Japan cannot afford to pay for these things. Accepting refugees will badly affect our economy.

Words and Phrases

- ☐ **for or against**　賛成か反対か
- ☐ **accept**　〜を受け入れる
- ☐ **refugee**　難民
- ☐ **face**　（困難などに）直面する
- ☐ **population crisis**　人口危機
- ☐ **aging**　高齢化の進む
- ☐ **threat**　脅威（となるもの）

- ☐ **economy**　経済、財政
- ☐ **extra**　余分な、追加の
- ☐ **burden**　負担、重荷
- ☐ **healthcare**　医療、健康管理
- ☐ **can afford to**
  　〜する（金銭的）余裕がある
- ☐ **affect**　〜に影響を及ぼす

Japan Accepting Refugees

日本語訳

日本が難民を受け入れることに賛成ですか、反対ですか。

日本が難民を受け入れることに、今のところ反対です。

現在、日本は人口危機に直面しています。高齢化が進む人口は、日本経済にとって深刻な脅威です。

難民を受け入れることの問題点は、彼らが経済に余分な負担をもたらすことです —— 特に最初のうち、彼らが働き始められるようになるまでは。 例えば、難民たちにまず必要なのは、医療、住居、衣服などです。

日本には、こうしたものの費用を払う余裕はありません。難民の受け入れは、私たちの経済に悪影響を及ぼすでしょう。

使える機能表現

- ☐ **I am against** （〜には反対です）**賛否**
- ☐ **for now** （今のところ）**時間**
- ☐ **Currently,** （現在 [のところ]）**時間**
- ☐ **... is a serious threat to** （〜への深刻な脅威である）**弊害・不利益**
- ☐ **For example,** （例えば）**例示**
- ☐ **and so on** （〜など）**例示**

スキル 34 弊害を訴える
The problem with accepting refugees is that ...

解説

　反対意見を述べるときに特に有効なのが、そのテーマ（今回は「難民の受け入れ」）から生じるであろう弊害（へいがい）について述べることです。

　例文ではまず「経済的負担」を指摘し、次に「医療」「住宅」「衣服」などを挙げて問題を具体化しています。このように具体例を挙げることで、説得力が増すことを覚えておきましょう。そして、最後にしっかりと結論づけることも忘れないでください。

「弊害を訴える」表現　 TRACK 68

☐ **The problem with ... is that**
「…の問題点は〜である」
The problem with accepting refugees is that they add an extra burden to the economy.
（難民を受け入れることの問題点は、彼らが経済に余分な負担をもたらすことです）

☐ **can be harmful to**　「〜にとって有害である」
A massive influx of immigrants can be harmful to the Japanese economy.
（大勢の移民流入は日本経済にとって有害となり得ます）

☐ **have negative effects on**　「〜に悪影響を及ぼす」
A drastic increase of foreign residents will have negative effects on our society.
（海外からの移民の急増は、私たちの社会に好ましくない影響を及ぼすでしょう）

☐ **badly affect**　「悪影響を与える」
A high rate of imports of foreign products will badly affect our local industries.
（海外製品の輸入率の高さは地元産業に悪影響を与えるでしょう）

「違う立場」をとる

　肯定的な立場をとる場合には、弊害の代わりに「利点」を挙げます。humanitarianism（人道主義）、international contribution（国際貢献）やbasic human rights（基本的人権）などは、いずれも現代の国際社会における重要な概念です。

I'm for the acceptance of refugees from three viewpoints: humanitarianism, international contribution, and basic human rights.
（人道主義、国際貢献、基本的人権の3つの観点から、難民受け入れに賛成です）

We may need a certain degree of restriction.
（一定の制限は必要かもしれません）

But looking at the issue from any one of these viewpoints, it is clearly important for us to accept refugees in need.
（しかし、いずれの観点からみても、困っている難民を受け入れることは明らかに重要です）

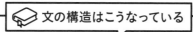
📖 文の構造はこうなっている

主張 移民の受け入れには当面反対。

⬇

現状 日本は人口危機（高齢化）

⬇

弊害 経済的負担の増加 —— 具体化：医療・住宅・衣服

⬇

結論 日本には経済的な余裕がない。

35 | 65歳以降の就労

Are you for or against working after the age of 65?

I am for working after the age of 65.

If a person is healthy and wants to continue to work, then why not? Evidence suggests that having a job in old age is beneficial for health and well-being. By working, elderly people can stay active, connect with coworkers and contribute to society. To be honest, I don't like the idea of retiring. It might be boring.

I think that work substantially improves your life so people should work for as long as possible.

Words and Phrases

□ **for or against** 賛成か反対か
□ **continue to** ～し続ける
□ **evidence** 証拠
□ **beneficial** 有益な、利益をもたらす
□ **health and well-being** 健康と幸福
□ **active** 活動的な、活発な
□ **connect with** ～とつながる

□ **coworker** （職場の）同僚
□ **contribute to** ～に貢献する
□ **society** （地域）社会
□ **retire** 引退する、（定年）退職する
□ **boring** 退屈な、つまらない
□ **substantially** 大いに、実質的に
□ **improve** ～を良くする、向上させる

Working after the Age of 65

日本語訳

65歳以降も働くことについて賛成ですか、反対ですか。

65歳以降も働くことについて賛成です。

その人が健康で働き続けたいなら、いいのではないでしょうか。年を取ってからも働くのは、健康と幸福にとって有益であることを示す証拠があります。高齢者は働くことで活動的であり続け、同僚とつながりを持ち、社会に貢献することができます。正直言って、引退するという考えは好きではありません。それは退屈かもしれません。

仕事は生活を大いに向上させてくれるので、できるだけ長く働くべきだと思います。

使える機能表現

☐ **I am for** （〜に賛成です）**賛否**

☐ **why not?** （なぜいけないのか → 良いではないか）**賛否**

☐ **Evidence suggests that** （〜だと示す証拠がある）**事実**

☐ **To be honest,** （正直に言うと）**率直**

☐ **I think that** （〜だと思います）**意見**

スキル 35 質的な良さを示す
It substantially improves ...

解説

　このような設問に対しては、賛成の場合にはできるだけ具体的に、「なぜそれが大切か」「どのようなメリットがあるか」という質的な利点をしっかりと伝えるようにしてください。例文では「健康」や「幸福」などを挙げ、「実質的に」を意味する**substantially**（大いに）を使って結論づけています。

　下記の動詞は、いずれも質的な向上を表す言葉です。

「質的な利点を示す」表現　🔊 TRACK 70

☐ **improve** 「向上させる」
I think that work substantially improves your life.
（仕事は生活を大いに向上させてくれると思います）

☐ **enhance** 「（質・能力などを）高める」
The students' volunteer activities enhanced our school's reputation.
（生徒たちのボランティア活動が当校の評判を上げました）

☐ **enrich** 「（質・価値などを）高める」
Having hobbies certainly enriches our lives.
（趣味を持つことは確実に私たちの生活を豊かにしてくれます）
☞ 文字通り、「rich（豊か）にする」というニュアンス。

☐ **cultivate** 「（才能などを）養う」
He cultivated his mind by reading a variety of books.
（彼はさまざまな本を読むことで心を育みました）
☞ culture（文化、教養）の動詞形。

☐ **develop** 「（能力・技術などを）伸ばす」
Some people say that by playing games children can develop their computer skills.
（ゲームをすることで子どもたちがコンピューターの技術を伸ばすことができると言う人もいます）

「違う立場」をとる

　「働く」ことと「稼ぐ」ことを分けて考えてみることもできます。

If working means earning, I'm firmly on the negative side of the debate.

（働くことが稼ぐことを意味するのであれば、私は断固として否定的な立場です）

I think that working and earning a salary are two different things.

（働くことと給料を稼ぐことは別物だと思います）

Some people might need to make a living even after the age of 65.

（65歳を超えても生活のために働かなくてはならない人もいるかもしれません）

Those who can live on social welfare such as pensions, however, don't need to work.

（しかしながら、年金などの社会福祉で暮らしていける人たちは働く必要はありません）

They can choose to retire and still make contributions to society through volunteering or other activities.

（彼らは引退することを選んでも、ボランティア活動などを通じて社会に貢献することができます）

 文の構造はこうなっている

主張 65歳以降も働くことに賛成。

↓

理由 健康で意欲があれば、働いていけない理由はない。
客観的事実：老年期の労働は健康と幸福に有益という証拠がある。
　　説明：働くことで活動的であり続け、同僚と交流して、社会貢献できる。
個人的意見：引退という考えは好きではない。

↓

結論 仕事は生活を向上させるので、できるだけ働くべき。

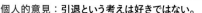

36 | 週3回の運動の必要性

  TRACK 71

People should exercise three times per week. Do you agree?

I agree with this idea.

If people exercise three times per week, **they can reduce their risk of early death by 17 percent.** If they double this, they can reduce the risk by 39 percent.

In addition, exercise has been proven to increase productivity and recovery from illness, and substantially improve mental health.

It is clear that exercising has many benefits for people.

Words and Phrases

- ☐ **exercise** 運動する
- ☐ **per** 〜ごとに
- ☐ **idea** 考え、意見
- ☐ **reduce** 〜を減らす、下げる
- ☐ **risk** 危険性、恐れ
- ☐ **early death** 早死に、早期死亡
- ☐ **double** 〜を2倍にする
- ☐ **prove** 〜を証明する、示す

- ☐ **increase** 〜を高める、増大させる
- ☐ **productivity** 生産性
- ☐ **recovery from** 〜からの回復
- ☐ **illness** 病気、不健康
- ☐ **substantially** 大いに
- ☐ **improve** 〜を改善する
- ☐ **mental health** 心の健康
- ☐ **benefit** 利益、恩恵

Exercising Three Times per Week

日本語訳

人は週3回運動するべきだという意見に同意しますか。

私はこの考えに賛成です。

人々が週に3回運動すれば、早死にのリスクを17パーセント減らすことができます。運動量を2倍にすれば、そのリスクを39パーセント減らせます。

その上、運動は生産性や病気からの回復力を高め、心の健康を大幅に促進することが分かっています。

運動することが、人間に多くの恩恵をもたらすことは明らかです。

使える機能表現

- ☐ **I agree with this idea.** （この考えに同意します）賛否
- ☐ **In addition,** （加えて）付加
- ☐ **It is clear that** （〜ということは明らかだ）明白
- ☐ **have many benefits** （利点が多い）利益

スキル 36 量的な根拠を示す
They can reduce the risk by 17 percent ...

解説

　プレゼンテーションなどでは、数値を用いて説得力を持たせることは当たり前に行われています。その場で回答することが求められる試験で、by 17 percentのような数値を挙げることは難しいでしょうが、**by about half**（約半分程度に）や、**more than double**（倍以上に）などの表現をいつでも使えるように準備しておくことも大切です。

「量的な根拠を示す」表現　　🔊 TRACK 72

☐ **by half** [数値]　「（増減などの差が）半分 [数値]」
By improving dietary habits, you may be able to reduce the risk of heart disease by half.
（食生活を改善することで、心臓疾患のリスクを半分まで下げることができるでしょう）

☐ **double**　「2倍にする」
Smoking doubles your risk of having a heart attack.
（喫煙は心臓発作の危険性を倍増させます）

☐ **X times ＋比較表現**（比較級 / as ... as など）
「X倍〜である」
Healthy food costs three times as much as junk food.
（健康食品はジャンクフードの3倍の費用がかかります）

Girls are twice [two times] as likely as boys to stop playing sports when they reach adolescence.
（女の子は思春期になると、男の子の倍の割合でスポーツを止めやすいものです）

☐ **degree**　「程度」
The degree of risk involved in nuclear power will only increase in the future.
（原子力に関わる危険性の程度は将来も増すばかりでしょう）

「違う立場」をとる

　健康のために適度な運動が必要だということは、誰でも思うでしょうが、「週に3回」となると、反論したくなる人もいるでしょう。

Exercising, of course, is one important aspect for our health, but I don't think that "three times a week" is for everyone.

（もちろん運動は健康にとって重要な一面ですが、「週3回」がすべての人に妥当だとは思いません）

The right amount of exercise differs according to each individual.

（適度な運動量は人によって異なります）

One's health depends on an optimum balance of exercise, nutrition and rest.

（人間の健康は、運動や栄養、休息の最適なバランスの上に成り立っています）

It's wrong to emphasize only exercise when thinking about health.

（健康について考えるときに、運動だけを強調するのは間違っています）

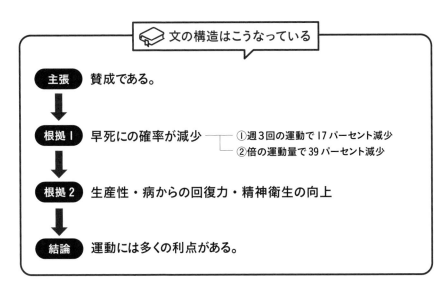

📖 文の構造はこうなっている

| 主張 | 賛成である。 |

↓

| 根拠1 | 早死にの確率が減少 | ① 週3回の運動で17パーセント減少
② 倍の運動量で39パーセント減少 |

↓

| 根拠2 | 生産性・病からの回復力・精神衛生の向上 |

↓

| 結論 | 運動には多くの利点がある。 |

37 | 高校生のクラブ活動

 英文 TRACK 73

Do high school students spend too much time on club activities?

I <u>agree that</u> high school students spend too much time on club activities.

<u>For example</u>, if students join a sports club they have to practice early in the morning before school, and late in the evening after school. Then they have to go home and do homework. **As a result, they are always tired.** <u>Consequently</u>, they cannot study well.

Low school grades will <u>result from</u> too many club activities.

Words and Phrases

- [ ] **spend too much time**
  時間を使い過ぎる
- [ ] **club activity** クラブ活動、部活動
- [ ] **join** 〜に加入する、参加する
- [ ] **practice** 練習する、稽古する
- [ ] **early in the morning** 朝早く

- [ ] **late in the evening** 夕方遅く
- [ ] **after school** 放課後
- [ ] **then** それから、その後
- [ ] **go home** 帰宅する
- [ ] **tired** 疲れた、くたびれた
- [ ] **grade** 成績

High School Club Activities

日本語訳

高校生はクラブ活動に時間を使い過ぎていますか。

高校生はクラブ活動に時間を使い過ぎているということに賛成です。

例えば、生徒は運動部に入ると、授業前の早朝と放課後の夕方遅くに練習しなければなりません。その後、彼らは帰宅して宿題をしなければなりません。結果的に、彼らはいつも疲れています。その結果として、彼らはあまり勉強できません。

クラブ活動が多すぎると、学校の成績は下がるでしょう。

使える機能表現

☐ **I agree that** （〜ということに同意します）賛否
☐ **For example,** （例えば）例示
☐ **As a result,** （結果的に）結果
☐ **Consequently,** （その結果として）結果
☐ **result from** （〜から生じる）結果

スキル 37 | 因果関係を明らかにする
As a result, they are always tired ...

解説

　事実関係を述べる際には、「原因」と「結果」を明確にすることが重要です。

　例文ではまず、生徒たちが早朝から夜遅くまで部活動に明け暮れ、帰宅後には宿題に追われている「事実」を指摘した後に、それが原因で「いつも疲れている」→「勉強に支障をきたす」と、その因果関係が示されています。

　以下はいずれも、論理の流れをはっきりさせる、いわば「談話標識」です。

「因果関係を明確にする」表現　　　◁) TRACK 74

☐ **As a result,** 「結果的に」
As a result, they are always tired.
（結果的に、彼らはいつも疲れています）

☐ **Consequently,** 「その結果として」
Consequently, they cannot study well.
（その結果として、彼らはあまり勉強できません）
☞ As a result よりも硬い表現で、「必然の流れとして」というニュアンス。

☐ **therefore** 「したがって」
Students are therefore unable to study as much as they should.
（したがって、生徒たちはやるべき分の勉強をすることができません）

☐ **So,** 「だから」
So, the students decided not to join those clubs.
（だから、生徒たちはそういった部活に参加しないことに決めたのです）
☞ therefore が論理学などの証明で使われる形式ばった表現であるのに対して、so はより口語的。

☐ **result from** 「～から生じる」
Low school grades will result from too many club activities.
（クラブ活動が多すぎると、学校の成績は下がるでしょう）

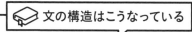

☐ **result in**　「（結果的に）〜をもたらす」
Participating in too many club activities results in poor academic performance.
（部活動のやり過ぎは、結果的に学業成績の不振をもたらします）

「違う立場」をとる

　まず結論を述べてから、クラブ活動の利点を説明しつつ擁護する立場をとります。

Not all students spend loads of time on club activities.
（すべての生徒が部活動に多くの時間を費やしているわけではありません）

Club activities can provide us with valuable experiences which regular classes cannot.
（部活動は通常の授業ではできない価値ある経験を与えてくれます）

Friendships with other club members are more likely to last longer.
（部員同士の友情は、より長続きしやすいものです）

Spending time on club activities is much better than just going home and being alone.
（部活動に時間を使うことは、ただ家に帰って独りでいるよりもはるかに良いことです）

📖 文の構造はこうなっている

主張　部活動に時間を使い過ぎという立場に賛成。

↓

例　運動部に入ると、勉強できない。
原因：早朝から夜遅くまで部活 ── 帰宅してから宿題
↓
結果：疲れ過ぎ ── 勉強に支障

↓

結論　部活動のやり過ぎから成績不振に

38 | 少子化問題

 英文

 TRACK 75

Fewer Japanese couples are having children. What do you think about this?

I think that this is a serious problem for Japanese society.

Currently, Japan's population is shrinking. This will have negative effects on the economy.

The solution I would suggest is subsidies. The government should pay young couples money to have children. Right now, young people feel that they cannot afford to start a family. Subsidies will solve this problem of economic insecurity among young people.

Words and Phrases

- □ **couple** 夫婦、恋人（同士）
- □ **serious problem** 深刻な問題
- □ **society** 社会
- □ **currently** 現在（のところ）
- □ **population** 人口
- □ **shrink** 減少する、縮む
- □ **negative effect** 悪影響、弊害

- □ **solution** 解決（策）
- □ **suggest** ～を提案する
- □ **subsidy** 助成金、補助金
- □ **right now** 現時点では
- □ **afford** （～する）余裕がある
- □ **solve** ～を解決する
- □ **insecurity** 不安（定）

The Issue of Declining Birthrates

日本語訳

日本で子どもを持つ夫婦が減っていることについて、どう思いますか。

私が思うに、これは日本の社会にとって深刻な問題です。

現在、日本の人口は減少しています。このことは経済に悪影響をもたらすでしょう。

私が提案したい解決策は補助金です。政府は若い夫婦にお金を給付し、彼らが子供を持つようにすべきです。今、若い人たちは家庭を持つ余裕がないと感じています。若者の間の経済的不安というこの問題を、補助金が解決するでしょう。

使える機能表現

☐ **I think that** （〜だと思います）意見
☐ **... is a serious problem** （…は深刻な問題である）問題
☐ **have negative effects on** （〜に影響を及ぼす）弊害・不利益
☐ **The government should ...** （政府は…すべきである）義務

スキル 38 | 解決策を示す
The solution I would suggest is ...

解説

　社会的な問題を指摘する場合には、「問題の深刻さを訴える」→「解決策を提示する」というのが自然な流れです。私たちは専門家ではありませんので、一般的に考えつく解決策で十分です。このケースでは政府がとり得る施策として、**subsidy**（補助金）のほかに **tax cut**（減税）なども考えられるでしょう。下記のような「解決策を示す表現」をいつでも使えるようにしておきましょう。

「解決策を示す」表現　　🔊 TRACK 76

☐ **The solution I would suggest is ...**
「提案したい解決策は…だ」
The solution I would suggest is subsidies.
（私が提案したい解決策は補助金です）

☐ **One of the solutions is ...**　「解決策のひとつが…である」
One of the solutions is tax reductions.
（解決策のひとつが減税です）

☐ **Something has to be done to ...**
「…するために何とかしなければならない」
Something has to be done to reverse this trend.
（この流れを変えるために、何か手を打たなければなりません）
　☞ 問題点を指摘後、解決策を提示する前に使える表現。

☐ **... will solve the problem of**　「…が〜の問題を解決するだろう」
Subsidies will solve the problem of a shrinking population.
（補助金が人口減少の問題を解決してくれるでしょう）

☐ **... is the answer.**　「…が答えである」
Lower tax is the answer.
（減税が答えです）

「違う立場」をとる

What do you think about this? と聞かれたら、「それは事実だと思います」
と答えることもできます。

Yes, I think it's true.
（それは事実だと思います）

Individual couples have the right to choose whether to have
children or not. It has nothing to do with the government.
（子どもを持つかどうか選ぶのは個々の夫婦の権利です。政府には何の関係もありません）

Some people say this poses a threat to our society and
economy.
（このことが社会と経済を脅かすと言う人もいます）

But, even if it's a social problem, I think the government
should be responsible for the solution without dictating
whether to have children or not.
（しかし、たとえそれが社会問題だとしても、子どもを持つかどうかについて口出しせずに解決するの
が政府の責任だと思います）

 文の構造はこうなっている

主張 深刻な問題である。

↓

現状 人口は減少している。—— 経済に悪影響

↓

解決策 出産に補助金を出す。
理由：子どもを産もうとしないのは経済的理由 ➡ 補助金で解決

39 | 海外留学の是非

Should Japanese students study abroad?

I think that Japanese students would really benefit from studying abroad. First, studying abroad will improve their foreign language skills. Second, it will open their eyes to different ways of thinking.

The world is becoming more and more globalized. Young people have to take advantage of the opportunity to study abroad before they start working.

We must act now so that Japan can be a strong player in the global economy in the future.

Words and Phrases

- ☐ **study abroad**　海外に留学する
- ☐ **benefit from**　〜から利益を得る
- ☐ **improve**　〜を向上させる
- ☐ **foreign language skill**　語学力
- ☐ **open someone's eyes to**
　（人）に〜を開眼させる
- ☐ **way of thinking**　ものの考え方

- ☐ **globalized**　グローバル化した
- ☐ **take advantage of**
　〜を生かす、うまく利用する
- ☐ **opportunity**　機会、チャンス
- ☐ **act**　行動する、実行する
- ☐ **strong player**　強豪
- ☐ **global economy**　世界経済

Students Studying Abroad

日本語訳

日本の学生は海外に留学すべきですか。

　日本の学生が海外に留学することは、間違いなく有益だと思います。第1に、海外留学は彼らの語学力を高めてくれます。第2に、それは異なる考え方に彼らの目を開かせてくれます。

　世界はますますグローバル化しています。若者は働き始める前に、海外で学ぶ機会をうまく利用しなければなりません。

　日本が将来、世界経済で強国になれるように、私たちは今こそ行動すべきです。

使える機能表現

- [ ] **would really benefit from** （〜から間違いなく恩恵を受けるだろう） **利益**
- [ ] **have to** （〜しなければならない） **義務**
- [ ] **must ...** （…すべきである） **義務**
- [ ] **so that** （〜するように） **目的**

スキル 39 | 行動を呼びかける
We must act now ...

解説

　スピーチなどで発信するメッセージは、「新たな事実の提示」、「価値観の変容をせまる」、「行動を促す」という主に3つの種類に分けられます。

　例文では「海外に留学することは有益だ」で終わるのではなく、最後に自分たちの行動を促しています。「今こそ…しなければならない」と訴えることで、メッセージに力強さが加わります。文を締めくくる際に「行動を呼びかける」表現パターンを身につけておきましょう。

「行動を呼びかける」表現

☐ **We must act now** 「今こそ行動すべきだ」
We must act now so that Japan can be a strong player in the global economy in the future.
（日本が将来、世界経済で強国になれるように、私たちは今こそ行動すべきです）

☐ **We must take measures** 「手を打たなければならない」
We must take measures now before it's too late.
（手遅れになる前に、私たちは今すぐに手を打たなければなりません）

☐ **We must find a way ... or ~**
「…の方法を見つけなければ〜だろう」
We must find a way out of this population dilemma or our economy will totally collapse.
（この人口問題から抜け出す方法を見出さなければ、経済は完全に破綻するでしょう）

☐ **We have no choice but to**
「〜する以外の選択肢はないだろう」
Visualizing the future, we have no choice but to welcome immigrants.
（将来のことを考えれば、移民を受け入れる以外の選択肢はないだろう）

「違う立場」をとる

　「留学に反対」という立場をとる場合には、以下のような反論もあり得るでしょう。

I don't think it is necessary for those living in a globalized society to study abroad.
（グローバル化した社会で生活する人たちにとって、海外留学が必要だとは思いません）

First, from the viewpoint of language, "international English" does not necessarily mean we can speak English in the way that native speakers do.
（第1に、言語の観点からは、「国際英語」は必ずしも英語の母語話者と同じように英語を話せることを意味しません）

Secondly, in order for us to be truly international, the most important thing is to learn about our own culture, history and traditions.
（2番目に、私たちが真に国際的であるために最も大切なことは、自分たちの文化、歴史、伝統を学ぶことです）

I'm firmly convinced that it is possible for us to acquire the skills and knowledge necessary for internationalism, while staying in our own country.
（国内にいながら、国際化に必要なスキルや知識を身につけることは可能だと固く信じています）

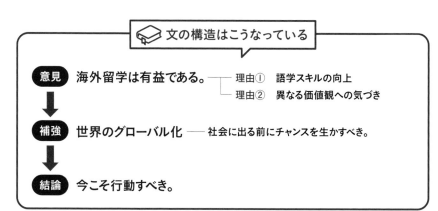

文の構造はこうなっている

意見　海外留学は有益である。── 理由①　語学スキルの向上
　　　　　　　　　　　　　　　└ 理由②　異なる価値観への気づき

補強　世界のグローバル化 ── 社会に出る前にチャンスを生かすべき。

結論　今こそ行動すべき。

40 | 日本のCO₂ 削減

英文   TRACK 79

The government should do more to reduce Japan's CO_2 emissions. Do you agree?

I absolutely agree.

In order to protect the planet for future generations, **the government must achieve its goal to** become carbon neutral.

We can achieve carbon neutrality by quitting fossil fuels and using renewable energy. In addition, the government should aim to reduce plastic use. Banning plastic packaging in supermarkets would help to attain this goal.

I believe that the current targets need to be more ambitious.

Words and Phrases

- [ ] **reduce** 〜を減らす
- [ ] **Co₂** 二酸化炭素（＝carbon dioxide）
- [ ] **emission** 排出（物質）
- [ ] **the planet** 地球
- [ ] **future generation** 次世代、後世
- [ ] **achieve [attain] a goal** 目標を達成する
- [ ] **carbon neutral** 脱炭素の
- [ ] **quit** 〜をやめる
- [ ] **fossil fuel** 化石燃料
- [ ] **renewable energy** 再生可能エネルギー
- [ ] **aim** 目指す、志す
- [ ] **ban** 〜を禁止する
- [ ] **target** 目標
- [ ] **ambitious** 野心的な、意欲的な

Japan's CO$_2$ Emissions

日本語訳

政府は日本のCO$_2$排出を減らすためにもっと努力すべきです。このことに賛成しますか。

私はまったく賛成です。

未来の世代のために地球を守るには、政府は脱炭素社会を実現するという目標を達成しなければなりません。

私たちは化石燃料をやめて再生可能エネルギーを使うことで、脱炭素社会を実現することができます。さらに、政府はプラスチックの使用を減らすことを目指すべきです。スーパーでのプラスチック包装の禁止は、この目標達成を助けてくれるでしょう。

私は現在の目標をもっと高く持つべきだと考えています。

使える機能表現

☐ I absolutely agree. （完全に同意します）**賛否**
☐ In order to （〜するために）**目的**
☐ The government must ... （政府は…しなければならない）**義務**
☐ In addition, （さらに、加えて）**付加**
☐ I believe that （〜だと思います）**意見**

スキル 40 目標を示す
The government must achieve its goal to ...

解説

　人間の行動原理は、主に「弊害の除去」、「利益の獲得」と「目標達成」です。今回のような「日本はCO₂排出を減らすために努力すべきか」といったテーマは「それが望ましいかどうか」、すなわち「弊害」や「利益」よりも、「達成目標」の観点からの方がアプローチしやすいでしょう。「脱炭素社会」という目標を掲げた上で、**achieve**（成し遂げる）、**attain**（達成する）などの「目標の達成」を示す動詞をうまく組み合わせて使うと効果的です。

「目標の達成」を示す動詞　🔊 TRACK 80

☐ **achieve** 「（目標を）成し遂げる」
We can achieve carbon neutrality by quitting fossil fuels and using renewable energy.
（私たちは化石燃料をやめて再生可能エネルギーを使うことで、脱炭素社会を実現することができます）

☐ **attain** 「（目標を）達成する」
We need to attain this target figure in order to reap the benefits of sustainable development.
（持続可能な発展による実りを得るには、この目標数値を達成する必要があります）

☐ **obtain** 「（努力して）獲得する」
Living in the countryside can help you to obtain a better quality of life.
（田舎に住むことは、より良質な生活を手に入れる一助となる）
We can help poor countries to obtain financial independence by educating children.
（子どもに教育を施すことで、貧しい国々が経済的自立を獲得するのを助けることができる）

「違う立場」をとる

Noとは答えにくい設問の典型です。多角的な視点を持つ練習のつもりで「違う立場」を考えてみましょう。

No, personally, I would not ask the government to do more.
（いいえ、個人的には政府に今以上を求めるつもりはありません）

Our government is taking every possible measure to reduce CO_2 emissions.
（日本政府は二酸化炭素排出を削減するためにあらゆる可能な策を講じています）

When it comes to individual citizens, however, I think that most people are not concerned enough.
（しかし、個々の市民となると、ほとんどの人が十分に関心を持っていないと思います）

If there is one thing our government could do, it is to increase people's awareness about this problem.
（もし政府にできることがあるとすれば、それは国民の意識を高めることです）

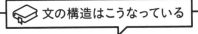 文の構造はこうなっている

主張 同意する。

目標 地球保護のため脱炭素社会を達成すべき。

達成方法 ①化石燃料から再生可能エネルギーへ

②プラスチックごみの削減 —— 例：スーパーのプラスチック
包装を廃止

結論 もっと意欲的な取り組みが必要。

Part—2

長文を
構成するための
上級スキル

1 | 10年後の自分

Where do you see yourself in 10 years time?

In 10 years time, I hope to be living in a foreign country.

It's always been my dream to move overseas. I want to lead an international life that involves a lot of traveling and speaking in different languages.

To be honest, I'm not sure which country I want to live in yet. However, I really love English. So, I'm envisioning that I will live in an English-speaking country where I can improve my language skills. For example, Australia, America or the UK.

Words and Phrases

- ☐ **foreign country**　外国、異国
- ☐ **dream**　夢、理想
- ☐ **move**　引っ越す、移住する
- ☐ **overseas**　海外に、外国に
- ☐ **lead a life**　生活（人生）を送る
- ☐ **international**　国際的な
- ☐ **involve**　〜を含む、伴う
- ☐ **traveling**　旅行、移動
- ☐ **language**　言葉、言語
- ☐ **honest**　正直な
- ☐ **sure**　確信して、確かな
- ☐ **envision**　〜を思い描く
- ☐ **improve**　〜を向上させる
- ☐ **skill**　技術、技能
- ☐ **the UK**　英国（＝the United Kingdom of Great Britain and Northern Ireland）

Yourself in 10 Years Time

日本語訳

10年後に自分はどこにいると思いますか。

10年後には外国に住んでいたいです。

外国に引っ越すことは、ずっと夢でした。私は旅をしたり、異なる言語で話したりすることの多い、国際的な生活を送りたいと思っています。

正直に言って、まだどの国に住みたいかはっきりしません。しかしながら、私は英語が本当に大好きです。ですから英語を話す国に住み、そこで自分の語学力を伸ばしたいと思い描いています。例えば、オーストラリアやアメリカ、イギリスなどです。

使える機能表現

☐ **In 10 years time,** （10年後には）時間
☐ **I hope to** （〜したいと望む）希望
☐ **I want to** （〜したい）希望
☐ **To be honest,** （正直に言って）率直
☐ **However,** （しかしながら）逆接
☐ **For example,** （例えば）例示

I want to live abroad because I enjoy speaking other languages, as well as learning about new cultures. I'm a big fan of meeting all different kinds of people, too. Personally, I think that living in a foreign country has many benefits. First, you can improve your communication skills. Second, you can become fluent in another language. Third, you can have a global mindset. This is very important in today's globalized world.

Words and Phrases

□ **live abroad**　外国に住む
□ **enjoy**　〜を楽しむ
□ **culture**　文化
□ **big fan of**　〜が大好きだ
□ **personally**　個人的には、自分としては
□ **benefit**　メリット、利益

□ **communication**
　　コミュニケーション、意思疎通
□ **fluent**　（言語に）堪能な
□ **global**　世界的な、グローバルな
□ **mindset**　考え方、物の見方
□ **globalized world**
　　グローバル化した世界

外国に住みたい理由は、外国語を話すことに加え、新しい文化について学ぶのが楽しいからです。また、私はさまざまな種類の人たちと出会うことも大好きです。個人的には、外国に住むことには多くの利点があると思います。第1に、自分のコミュニケーションスキルを磨くことができます。第2に、他の言語が堪能になります。第3に、グローバルな考え方が身につきます。これは現代のグローバル化した世界においてはとても大切です。

使える機能表現

- ☐ because ...　（なぜなら…だからだ）**理由・原因**
- ☐ Personally, I think that　（個人的には〜と思います）**意見**
- ☐ have many benefits　（利点が多い）**利益**
- ☐ ... is important　（…は重要である）**重要性**

177

In order to live in a country like Australia, I'll have to be able to speak English well. So, I'm currently studying the subject as much as I can. First, I set aside 15 minutes a day to study English with my textbook. Second, I watch movies in English and listen to music with English lyrics at home. Third, I'm a member of an English club where I can practice speaking and listening with other people.

I'll keep working hard until I achieve my dream.

Words and Phrases

☐ **currently** 現在、目下
☐ **subject** 科目、教科
☐ **as much as one can** できる限り
☐ **set aside** （時間などを）確保する
☐ **textbook** 教科書、テキスト
☐ **movie** 映画

☐ **lyrics** （音楽の）歌詞
☐ **member** 一員、メンバー
☐ **practice** 〜を練習する
☐ **work hard** 頑張る
☐ **achieve** （目標などを）実現する

オーストラリアのような国に住むためには、英語をうまく話せなければなりません。そのために私は今、この科目をできるだけ勉強するようにしています。第1に、教科書を使って英語を勉強するために毎日15分確保しています。第2に、家では映画を英語で見て、歌詞が英語の音楽を聴いています。第3に、私は英語クラブの一員で、そこで他の人たちと英語を話したり聞いたりする練習ができます。

自分の夢が叶うまで、頑張り続けたいと思います。

使える機能表現

☐ **In order to** （〜するために）**目的**

☐ **have to** （〜しなければならない）**義務**

解説

　自分自身についての考え、希望、目標などを問う個人的・日常的なテーマで、Yes/Noを問うのではない、オープンで比較的長文（200語以上）で答える設問の場合には、5W1H（**when, where, who, what, why, how**）を意識して文を構成するのが有効です。

　まずは、5W1Hのうちの3つぐらいに焦点を当ててみることをおすすめします。1つのテーマについて200語で書く（話す）よりも、そのテーマを3つのポイントに分けて、それぞれについて60〜70語で書く（話す）方が気が楽になるはずです。

　この設問はWhere ...（どこに）と問うているので、まずそれに答えた後に、何をしていたいか（what）、その理由と利点（why）、それへ向けての準備（how）などについて伝えています。

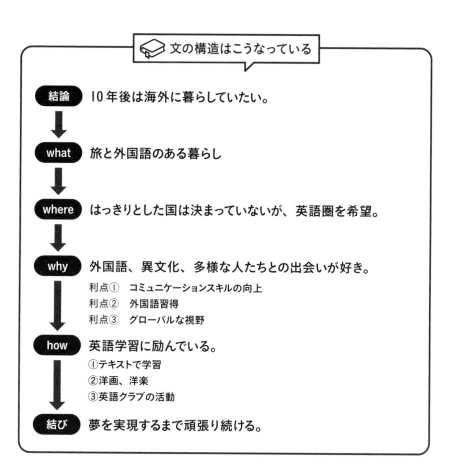

文の構造はこうなっている

結論 10年後は海外に暮らしていたい。

what 旅と外国語のある暮らし

where はっきりとした国は決まっていないが、英語圏を希望。

why 外国語、異文化、多様な人たちとの出会いが好き。
　　　利点① コミュニケーションスキルの向上
　　　利点② 外国語習得
　　　利点③ グローバルな視野

how 英語学習に励んでいる。
　　　①テキストで学習
　　　②洋画、洋楽
　　　③英語クラブの活動

結び 夢を実現するまで頑張り続ける。

2 | タイムトラベルしたい時代

 英文

 TRACK 84

If you could travel back in time, what era would you choose?

If I could travel back in time, I wouldn't go back that far. I'd like to visit Japan in the 1980s! This was an exciting era of economic growth and cultural blossoming for the country.

This was led by various people. Today I'd like to talk about three people from that time who contributed to this prosperous period and who I'd like to meet.

Words and Phrases

- ☐ **travel back in time** 過去の世界に行く
- ☐ **era** 時代
- ☐ **choose** ～を選ぶ、望む
- ☐ **far** 遠くに
- ☐ **visit** ～を訪れる
- ☐ **exciting** 面白い、興奮させる
- ☐ **economic growth** 経済成長
- ☐ **cultural** 文化の
- ☐ **blossoming** 開花、成熟
- ☐ **(be) led by** ～に導かれる
- ☐ **various** さまざまな、多様な
- ☐ **contribute** 寄与する、貢献する
- ☐ **prosperous** 繁栄する、順調な
- ☐ **period** 時期、時代

Traveling Back in Time

日本語訳

もし過去に戻れるとしたら、あなたはどの時代を選びますか。

　もし過去に戻れたとしても、私はそれほど遠い昔には行かないでしょう。1980年代の日本を訪れてみたいです！　それはこの国にとって、経済が成長し、文化が花開いた、ワクワクするような時代でした。

　それはさまざまな人たちによって導かれました。その時代において、この繁栄した時期に寄与した、私が会ってみたい3人の人物について、今日は話したいと思います。

使える機能表現

☐ **If A, B** （もしAならBだ）仮定
☐ **I'd like to** （〜したい）希望
☐ **Today I'd like to talk about** （本日は〜についてお話ししたいと思います）導入

As a big fan of manga and anime, <u>the first person I'd hope to meet is</u> Hayao Miyazaki. He founded Studio Ghibli in 1985 after his film, Nausicaa, became very popular. It would be so interesting to witness the beginnings of one of today's most successful Japanese cultural exports.

<u>Secondly</u>, it would be an honor to meet the "God of Manga," Osamu Tezuka, who died in 1989. He was a true pioneer and it can be said that he <u>is the reason why</u> manga is loved across the world. <u>Recently</u>, I visited the Osamu Tezuka Manga museum in Hyogo Prefecture and enjoyed looking at the exhibits there.

Words and Phrases

☐ **found** 〜を創立する、設立する
☐ **film** 映画
☐ **popular** 人気のある
☐ **interesting** 興味深い、面白い
☐ **witness** 〜を経験する、目撃する
☐ **beginning** 始まり、初期
☐ **successful** 成功した

☐ **exports** 輸出品
☐ **honor** 光栄、名誉
☐ **pioneer** 先駆者、草分け
☐ **reason** 理由、わけ
☐ **across the world** 世界中で
☐ **prefecture** 県、府
☐ **exhibit** 展示品

　マンガとアニメの大ファンとして、最初に会いたい人物は宮崎 駿（はやお）さんです。彼は自らの映画『風の谷のナウシカ』が大人気を博した後、1985年にスタジオジブリを設立しました。今日（こんにち）最も成功している日本の文化輸出の始まりのひとつを経験するのは、どんなにか興味深いでしょう。

　2番目に、1989年に亡くなった「マンガの神様」こと、手塚治虫さんに会えたら光栄です。彼は真の先駆者であり、世界中でマンガが愛されている理由は彼にあると言えます。私は最近、兵庫県にある手塚治虫記念館を訪問し、そこで展示を見て回るのを楽しみました。

使える機能表現

☐ **the first ... I'd hope to (do) is**
　（私が〜したいと思っている最初の…は）**順序立て**
☐ **Secondly,** （2番目に、次に）**順序立て**
☐ **is the reason why ...** （それが…の理由だ）**理由・原因**
☐ **Recently,** （最近）**時間**

TRACK 86

   Finally, a man I admire very much is Shigeru Miyamoto. He is behind many of the most important franchises in the history of video games, including Super Mario Bros and The Legend of Zelda, which were released in the 1980s. Miyamoto is so creative and intelligent. I would like to talk with him at that time about his ideas for the future of video games. I wonder if he knew then how his creations would spread to so many countries.

Words and Phrases

☐ **admire**
　〜に敬服する、〜を素晴らしいと思う
☐ **behind**　〜の後ろに、背後に
☐ **franchise**　シリーズ、フランチャイズ
☐ **history**　歴史
☐ **including**　〜を含めて、〜などの
☐ **legend**　伝説
☐ **release**　（本・ゲームなどを）発売する

☐ **creative**　創造性に富んだ、独創的な
☐ **intelligent**　知性のある
☐ **idea**　考え、着想
☐ **future**　未来
☐ **wonder**　〜を知りたいと思う
☐ **then**　当時
☐ **creation**　作品、創作物
☐ **spread**　広がる

　最後に、私が敬愛してやまない男性が宮本茂さんです。彼はビデオゲームの歴史で最も重要な多くのシリーズの背後にいて、それらには1980年代に発売された「スーパーマリオブラザーズ」や「ゼルダの伝説」が含まれます。宮本氏はとても独創的で知性があります。当時の彼と話をして、ビデオゲームの未来についての考えを聞きたいです。彼は当時、これほど多くの国に自分の作品が広がることを、果たして知っていたでしょうか。

使える機能表現

- [ ] **Finally,**（最後に）順序立て
- [ ] **I admire ...**（…を敬愛する）好み
- [ ] **at that time**（当時）時間

上級スキル 2 | 身近なテーマには5W1H (2)

> 解説

　5W1Hのうちのどれかひとつに焦点を当て、それをさらに3つのポイントに分ける方法もあります。

　この設問では**what era**（どの時代）、つまり**when**が問われていますので、例文ではそれに答えた上で、**who**に焦点を当てて会ってみたい人を3人挙げ、その理由（**why**）を答える方法を採っています。

　多くの場合、5W1Hのいくつかに焦点を当てる（1）と、5W1Hのひとつに焦点を当てて、さらにポイントに分ける（2）の併せ技的な要素を含むことになるでしょう。いずれにしても、**why**で自分の考えの「理由」を述べる姿勢は、常に心がけてください。

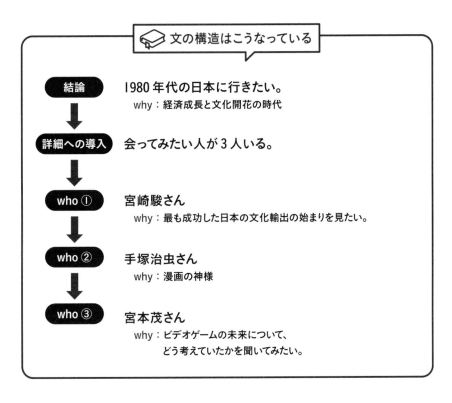

📖 文の構造はこうなっている

結論 1980 年代の日本に行きたい。
　　why：経済成長と文化開花の時代

詳細への導入 会ってみたい人が 3 人いる。

who ① 宮崎駿さん
　　why：最も成功した日本の文化輸出の始まりを見たい。

who ② 手塚治虫さん
　　why：漫画の神様

who ③ 宮本茂さん
　　why：ビデオゲームの未来について、
　　　　どう考えていたかを聞いてみたい。

3 | 日本の高齢化社会

 英文　　　　　　　　　　　　　　　 TRACK 87

What do you think about the issue of Japan's aging society?

Did you know that more than 20 percent of Japan's population is currently over 65 years old? This is the highest proportion in the world.

While the number of babies being born in Japan continues to decline, the number of elderly people rises up and up. Fewer young people are having children. Some say they cannot afford to start a family. At the same time, life expectancy is increasing. We are more likely to live longer than in the past. Thus, Japan is what's known as a "super-aged" society.

Words and Phrases

- □ **issue** 問題（点）
- □ **aging society** 高齢化社会
- □ **population** 人口、人々
- □ **currently** 現在、今や
- □ **proportion** 割合、比率
- □ **(be) born** 生まれる
- □ **decline** 減少する
- □ **elderly people** 高齢者、老人
- □ **rise** 増加する
- □ **afford** （金銭的に）〜する余裕がある
- □ **start a family** 家庭を持つ
- □ **life expectancy** 平均寿命
- □ **increase** 上昇する
- □ **in the past** 過去において
- □ **super-aged society** 超高齢社会

Japan's Aging Society

日本語訳

日本の高齢化社会の問題についてどう思いますか。

　現在、日本の人口の 20 パーセント以上が 65 歳以上だと知っていましたか。これは世界で最も高い割合です。

　日本で誕生する赤ちゃんの数が減少する中、高齢者の数はどんどん増えています。子どもを持つ若い人が減っているのです。家庭を持つ経済的な余裕がないと言う人もいます。それと同時に、平均寿命は伸びています。私たちは昔よりも長生きする可能性が高いのです。その結果として、日本は「超高齢」社会として知られています。

使える機能表現

☐ **Did you know that** （〜ということを知っていましたか？）**導入**
☐ **At the same time,** （それと同時に）**並置**
☐ **(be) more likely to** （〜する傾向にある）**傾向**
☐ **Thus,** （したがって）**結果**

A super-aged society is a huge problem for Japan. The fact of the matter is that elderly people who are retired are a burden on the economy. For example, we need to pay for their transport, pensions and healthcare. This cost is covered by the younger population. As I mentioned, young people already feel that they don't have enough money to have children. It's a vicious cycle.

Words and Phrases

☐ **huge** とても大きい、大変な
☐ **problem** 問題、課題
☐ **fact of the matter** 事実、実情
☐ **retired** 引退した、退職した
☐ **burden** 重荷、負担
☐ **economy** 経済（活動）

☐ **transport** 交通機関
☐ **pension** 年金
☐ **healthcare** 医療
☐ **cost** 費用、経費
☐ **cover** （費用などを）負担する
☐ **vicious cycle** 悪循環

　超高齢社会は日本にとって大問題です。引退した高齢者たちが経済の重荷になっているのが実情です。例えば、私たちは彼らの交通費や年金、医療費を払わなければなりません。これらの費用はより若い世代によって負担されています。すでに述べたように、若い人たちはすでに子どもを持つための十分なお金がないと感じています。これは悪循環です。

使える機能表現

□ **... is a huge problem for** （…は〜にとって大問題である）**問題**
□ **The fact of the matter is that** （実際には〜である）**事実**
□ **For example,** （例えば）**例示**
□ **As I mentioned,** （すでに述べたとおり）**繰り返し**

The government has a responsibility to stop this trend before it turns into a catastrophe. One of the solutions could be raising the retirement age to 67 or even 70 years old. Another idea is to offer subsidies to young couples to encourage them to have children.

   Ultimately, there can be no doubt that the present benefits enjoyed by elderly people won't last much longer. It is time for the older generation to do their bit to support the younger generation by sharing their wealth.

Words and Phrases

☐ **responsibility**　責任、義務
☐ **trend**　傾向、動向
☐ **catastrophe**　破局、大失敗
☐ **solution**　解決策
☐ **retirement age**　定年
☐ **offer**　～を提供する
☐ **subsidy**　補助金、助成金
☐ **encourage someone to**
　（人）を～する気にさせる
☐ **no doubt**　疑いなく、確かに
☐ **benefit**　利益、恩恵
☐ **enjoy**　（利益などを）享受する
☐ **last**　持続する、続く
☐ **generation**　世代
☐ **do one's bit**　自分の役割を果たす
☐ **share one's wealth**　富を分かち合う

　政府はそれが大失敗につながる前にこの傾向を止める責任があります。定年を67歳に、もっと言えば70歳まで引き上げることは、ひとつの解決策になるかもしれません。もうひとつの案は、若いカップルに補助金を提供して、子どもを持つ気にさせることです。

　結局のところ、現在高齢者が享受している恩恵がそれほど長くは続かないことは確かです。高齢世代が自分たちの富を分かち合うことで、若い世代を支え、自分たちの役割を果たす時が来たのです。

使える機能表現

☐ **have a responsibility to** （〜する責任がある）**義務**
☐ **One of the solutions could be ...** （ひとつの解決策として…があり得る）**解決策**
☐ **Another idea is to** （別の案は〜することだ）**提案**
☐ **Ultimately,** （結局は）**結論**
☐ **It is time to** （〜する時が来た）**行動をうながす**

上級スキル 3 | 社会的なテーマには ①「問題解決型」

解説

　社会的なテーマの場合には、「問題解決型」、「比較利益型」、「目標達成型」のどれかに当てはめて、文を構成するのがおすすめです。なぜなら社会の行動原理はほとんどの場合、現存する問題を解決すること、現状を改善すること、目標を達成することの3つに分類されるからです。

　1つ目の「問題解決型」は、すでに問題が生じている、または近い将来に問題が発生すると思われる場合に有効な方法です。

　文の構成法は、(1) まず問題を指摘する、(2) その深刻さを説明する、(3) 解決策を提示する、という流れが一般的です。

　結びでは、問題解決に向けての行動を呼びかけるといいでしょう。

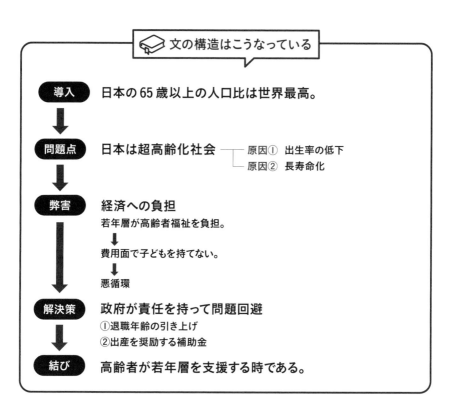

文の構造はこうなっている

| 導入 | 日本の65歳以上の人口比は世界最高。 |

| 問題点 | 日本は超高齢化社会 ── 原因① 出生率の低下 / 原因② 長寿命化 |

| 弊害 | 経済への負担 |

若年層が高齢者福祉を負担。

費用面で子どもを持てない。

悪循環

| 解決策 | 政府が責任を持って問題回避 |

①退職年齢の引き上げ

②出産を奨励する補助金

| 結び | 高齢者が若年層を支援する時である。 |

4 | 教育制度の改善

 英文

 TRACK 90

How can Japan improve its education system?

In my opinion, Japan has one of the best education systems in the world. That said, I think there are some things Japan can do to improve its education system even more.

One idea is to reduce the emphasis on testing in schools. My feeling is that standardized testing does not prove how clever a student is. It only shows that they are good at taking tests. It would be better to assess students based on different criteria, such as classroom participation and projects during the school year, in addition to exams.

Words and Phrases

- □ **improve** 〜を改善する、改良する
- □ **education system** 教育制度
- □ **reduce** 〜を減らす、弱める
- □ **emphasis** 重要視、重点を置くこと
- □ **testing** 試験
- □ **feeling** 考え、意見
- □ **standardized** 画一化された
- □ **prove** 〜を証明する

- □ **clever** 賢い、利口な
- □ **assess** 〜を評価する、判断する
- □ **based on** 〜に基づいて
- □ **criteria** 基準、尺度
- □ **participation** 参加、関与
- □ **project** 学習課題
- □ **school year** （授業が行われる）学年
- □ **exam** テスト、試験

Improving the Education System

日本語訳

日本はどうすれば教育制度を改善できますか。

　私の考えでは、日本は世界で最も優れた教育制度のひとつを有しています。それでも、その教育制度をよりいっそう改善するために、日本にはできることがあると思います。

　ひとつの案は、学校における試験の重要視を減らすことです。私の考えでは、画一化された試験で生徒の賢さを証明することはできません。それが示しているのは、彼らがテストを受けるのが得意だということだけです。別の基準に基づいて生徒を評価した方がいいと思います。テストに加えて、例えば、授業態度や学年の学習課題などによって。

使える機能表現

- ☐ **In my opinion,** （私の意見では）意見
- ☐ **That said,** （そうは言っても）逆接
- ☐ **One idea is to** （ひとつの案は〜することだ）提案
- ☐ **My feeling is** （私の考えでは）意見
- ☐ **such as** （〜などの）例示
- ☐ **in addition to** （〜に加えて）付加

Not only that, exams are a source of stress and anxiety for school pupils. This is especially the case with the high school entrance exam. Statistically, Japan ranks low for student well-being among developed countries. Reducing the emphasis on testing would boost young people's mental health.

Words and Phrases

- □ **source**　源、原因
- □ **stress**　ストレス、重圧
- □ **anxiety**　不安、心配
- □ **pupil**　生徒、児童
- □ **especially**　とりわけ、特に
- □ **case**　場合、状況
- □ **entrance exam**　入学試験

- □ **statistically**　統計（学）的に
- □ **rank**　順位を占める
- □ **well-being**　幸福、健康
- □ **developed country**　先進国
- □ **boost**　〜を促進する、強化する
- □ **mental health**　心の健康

　それだけでなく、試験は学校の生徒にとってストレスと不安のもとです。特に高校入試の場合はそうです。統計的に、日本の生徒は幸福度において先進国の中で順位が低いのです。試験の重要視を減らすことで、若い人たちの心の健康が改善されるでしょう。

使える機能表現

□ **Not only that,** （それだけでなく）付加
□ **Statistically,** （統計的に）事実

TRACK 92

It is obvious that too many tests can be harmful to students and to the education system as a whole. Carrying out this plan would enable students to show their talents in different ways and ensure their health and well-being is cared for. As a result, they will grow up to be more successful adults and contribute to a better society in the future.

I'd like to conclude with a quote from civil rights activist Malcom X who said, "Education is the passport to the future, for tomorrow belongs to those who prepare for it today."

Words and Phrases

□ **obvious** 明らかな、明白な

□ **harmful** 有害な、悪影響を及ぼす

□ **as a whole** 全体として、概して

□ **carry out a plan** 計画を実行する

□ **enable** ～を可能にする

□ **talent** 才能、素質

□ **ensure** ～を確かにする

□ **care for** ～の面倒を見る

□ **successful** 成功した

□ **adult** 大人、成人

□ **contribute** 貢献する、寄与する

□ **in the future** 将来

□ **conclude** 締めくくる、結ぶ

□ **quote** 引用（文）

□ **civil rights activist** 公民権運動家

□ **prepare for** ～の準備をする

　多すぎる試験が生徒たちにとって、そして教育制度全体とって有害なことは明らかです。この計画を実現することで、生徒たちは異なる方法で自分たちの才能を発揮することが可能になり、彼らの健康と幸せがしっかりと守られるようになります。結果として、彼らはより成功する大人へと成長し、将来より良い社会になるよう貢献するでしょう。

　最後に公民権運動家のマルコムXの言葉を引用して締めくくりたいと思います。「教育こそが未来へのパスポートだ。明日という日は、今日その準備をする者たちのものだから」

使える機能表現

□ **It is obvious that** （〜ということは明らかだ）**明白**
□ **can be harmful to** （〜にとって有害になり得る）**弊害・不利益**
□ **As a result,** （結果として）**結果**
□ **I'd like to conclude with** （〜で締めくくりたいと思います）**結論**

上級スキル

4 | 社会的なテーマには ②「比較利益型」

解説

　「比較利益型」は、近い未来、例えば数年のうちに実現可能な政策によって、現状の改善を訴える方法です。

　文の構成法としては、（1）まず現状を説明し、最善の状況ではない（不満がある）ことを指摘する、（2）代替案を提示する、（3）その案の利点を、現状と比較しながら説明する、という流れが一般的です。

　提案の利点を補強して裏づけるために、Part 1でご紹介した引用（スキル26）や比喩（スキル22）などを使って締めくくるのも有効です。

文の構造はこうなっている

現状 日本の教育システムは優れているが、もっと改善できる。

↓

代替案 試験を偏重せず、授業参加やプロジェクトなどでも評価。

↓

利点 ① ストレスや不安の低減 ➡ 精神衛生の向上
② 別の方法で才能を発揮できる。
　　健康や幸福度に配慮できる。
　　　　↓
　　より良い社会に貢献できる大人へと成長。

↓

結び 名言の引用 ──「教育こそが未来へのパスポート…」(マルコムX)

5 | 脱炭素社会の実現

Do you think it is possible to achieve a carbon neutral society?

I believe that it is possible to save the environment by creating a carbon-neutral society. First of all, what is a carbon neutral society? It means that we remove as much carbon dioxide from the atmosphere as we put into it, thereby achieving a zero carbon footprint.

If organizations, businesses and individuals like you and me work together to obtain a goal of carbon neutrality, we can save the planet for future generations. If we don't, then the human species might not survive for much longer. Our species is already facing rising sea levels, extreme weather and the extinction of wildlife. We must take action now.

Words and Phrases

- □ achieve　〜を達成する、実現する
- □ carbon neutral　脱炭素の
- □ environment　（自然）環境
- □ remove　〜を取り除く、除去する
- □ carbon dioxide　二酸化炭素、CO₂
- □ atmosphere　大気、空気
- □ carbon footprint　二酸化炭素排出量
- □ organization　組織

- □ business　企業、事務所
- □ individual　個人
- □ the planet　地球
- □ human species　人類
- □ survive　生き延びる、存続する
- □ extreme　極端な
- □ extinction　絶滅
- □ wildlife　野生生物

Creating a Carbon-Neutral Society

日本語訳

脱炭素社会を実現することは可能だと思いますか。

　私は、脱炭素社会を作ることによって環境を守ることは可能だと思います。そもそも、脱炭素社会とは何でしょうか。それは私たちが大気に放出した、同じだけの二酸化炭素の量を取り除くことで、二酸化炭素排出量ゼロを実現することを意味します。

　組織や企業、それにあなたや私のような個人が、脱炭素社会という目標を達成するために一丸となって取り組めば、次世代のために地球を守ることができます。そうしなければ、人類はもうあまり長く生き延びられないかもしれません。人類はすでに海面の上昇や極端な気候、野生生物の絶滅に直面しています。私たちは今こそ行動を起こすべきです。

使える機能表現

☐ **I believe that** （〜だと思います）**意見**
☐ **First of all,** （そもそも、まず第一に）**順序立て**
☐ **thereby** （それによって）**結果**
☐ **to obtain a goal** （目標を達成するために）**目標**
☐ **We must take action now.** （今こそ行動を起こすべき）**行動をうながす**

According to an article I read recently, there are several global policies that are working toward a carbon-neutral world. An example is the Carbon Neutrality Coalition which includes 29 countries. They have set targets to reduce carbon dioxide emissions by 2050. Furthermore, a growing number of large companies are switching to renewable energy. Plus, recent popular movements such as veganism show that individuals are doing their part to fight climate change.

Words and Phrases

☐ **article**　記事、論説
☐ **recently**　最近
☐ **global policy**　地球規模の政策
☐ **work toward**　～に向けて努力する
☐ **coalition**　連合、連立
☐ **include**　～を含む
☐ **set a target**　目標を設定する
☐ **reduce**　～を減らす、減少させる

☐ **emission**　排出、放出
☐ **growing number of**　ますます多くの～
☐ **switch to**　～に切り替える
☐ **renewable energy**　再生可能エネルギー
☐ **movement**　傾向、動き
☐ **veganism**　完全菜食主義
☐ **do one's part**　自分の役割を果たす
☐ **climate change**　気候変動

　私が最近読んだ記事によると、脱炭素世界に向けて進められている地球規模の政策がいくつかあります。その一例が「カーボンニュートラル連合」で、29カ国が参加しています。連合は2050年までに二酸化炭素の排出量を減らすという目標を設定しています。さらに、ますます多くの大企業が再生可能エネルギーに切り替えています。加えて、完全菜食主義など最近人気の動きは、気候変動と闘うために個人が自分の役割を果たしていることを示しています。

使える機能表現

☐ **According to** （〜によると）引用
☐ **An example is ...** （ひとつの例が…である）例示
☐ **set a target** （目標を設定する）目標
☐ **Furthermore,** （さらに、その上）付加
☐ **Plus,** （その上、加えて）付加

Nevertheless, I think we can do better. Governments should create laws to prevent big companies from damaging the environment for profit. They should also build infrastructure to help societies reduce their carbon footprint, such as cycle highways in cities.

Fighting climate change is like fighting a war. Our life depends on it.

Words and Phrases

☐ **law**　法律
☐ **prevent...from**　…が〜するのを防げる
☐ **damage**
　〜にダメージを与える、〜を損なう
☐ **profit**　利益、もうけ
☐ **infrastructure**　インフラ、基幹施設

☐ **cycle**　自転車
☐ **highway**　幹線道路、公道
☐ **fight a war**　戦争をする
☐ **life**　生命、生活
☐ **depend on**
　〜に左右される、〜次第である

　それでも、私たちはもっとできるはずだと思います。政府は、大企業が利益のために環境を破壊するのを防ぐ法律を作るべきです。それに地域社会が二酸化炭素排出量を減らすのに役立つインフラもまた整備すべきです。例えば、都市における自転車専用道路などです。

　気候変動と闘うのは、戦争をするのに似ています。私たちの命はそれにかかっているのです。

使える機能表現

☐ **Nevertheless,** （それでもなお）逆説
☐ **should ...** （…すべきである）義務
☐ **such as** （〜などの）例示
☐ **... is like ~** （…は〜のようなものだ）例え

上級スキル 5 | 社会的なテーマには ③「目標達成型」

解説

　最後の「目標達成型」は、「比較利益型」よりも長い目で見た将来、例えば次世代にどのような社会を残したいかなど、社会にとって望ましい目標を設定するテーマに有効です。

　文の構成としては、（1）まず目標を設定・定義して具体化する、（2）目標が達成されない場合の問題点や、達成されたときの利点を説明する、（3）目的を達成するための案を提示する、という流れが考えられます。

　そのほか、例文のように現在の取り組みを挙げた上で、追加案を提示することもできます。

　最後に、その目標の大切さを訴えて結ぶようにしましょう。

文の構造はこうなっている

目標 脱炭素社会
定義：二酸化炭素排出量ゼロの達成

目標の妥当性 ① 達成すれば、地球を守れる。

② 達成できなければ、人類の存続にかかわる。

現状：すでに危機を迎えている（海面上昇、気候変動、野生生物の絶滅）

すぐに行動しなければならない。

現在の対策 ①カーボンニュートラル連合（国、世界）

②再生可能エネルギー（企業）

③完全菜食主義（個人）

さらなる提案 ①企業利益のための環境破壊を防ぐ法律

②二酸化炭素削減のための社会インフラ構築

結び 気候変動との闘いは戦争 ── 人命がかかっている。

「使える機能表現」INDEX

立山利治 (たてやま・としはる)

国際武道大学教授。東洋大学経済学部卒業。通訳ガイド養成所（現・日本外国語専門学校）専任教員などを経て現職。「NHK テレビ３か月英会話」（2000 年）、「NHK 英語 新リスニングテスト［基礎編／応用編］」（2002 年）、「NHK ラジオ英会話上級」（2007-2008）講師。『CNN English Express』（朝日出版社）に連載（1992-2003）。共著書に『会話力をつける Essential Topics』（NHK 出版）、『オーラル・コミュニケーションの理論と実践』（三修社）、「スピードトレーニング 英語の聴解」（ジャパンタイムズ）など。

Rebecca Quin (レベッカ・クイン)

ロンドンを拠点に活動するデジタル・マーケティング・スペシャリスト。英国立セント・アンドリュース大学（スコットランド）英文学・フランス語学修士。JET（Japan Exchange and Teaching）プログラムで来日。埼玉県立和光国際高等学校で外国語指導助手（ALT）を務めた後、フジサンケイグループの GPlusMedia（株式会社ジープラスメディア）コンテンツ責任者として、日本航空、ドコモ、中部経済連合会などの国際キャンペーンの運営に携わる。ジャパンタイムズなどに寄稿。

［MP3 音声付き］

**書く・話すための「引き出し」ができる
発信型の英語アイデア BOOK**

2021 年 7 月 30 日　初版第 1 刷発行

著者	**立山利治　レベッカ・クイン**
発行者	**原 雅久**
発行所	**株式会社 朝日出版社**
	〒 101-0065　東京都千代田区西神田 3-3-5
	電話：03-3263-3321　FAX：03-5226-9599
	https://www.asahipress.com
印刷・製本	**凸版印刷株式会社**
DTP	**株式会社メディアアート**
音声編集	**ELEC（一般財団法人 英語教育協議会）**
ブックデザイン	TAICHI ABE DESIGN INC.